LE LIVRE DU DIVAN

STENDHAL

VIE DE HENRI BRULARD

I

RÉVISION DU TEXTE ET PRÉFACE PAR
HENRI MARTINEAU

PARIS
LE DIVAN
37, Rue Bonaparte, 37

MCMXXVII

VIE
DE
HENRI BRULARD
I

CETTE ÉDITION A ÉTÉ TIRÉE A
2.525 EXEMPLAIRES : 25 EXEM-
PLAIRES NUMÉROTÉS DE I A XXV
SUR PAPIER DE RIVES BLEU ET
2.500 EXEMPLAIRES NUMÉROTÉS DE
1 A 2.500 SUR VERGÉ LAFUMA.

N° 1692

STENDHAL

VIE
DE
HENRI BRULARD

I

PARIS
LE DIVAN
37, Rue Bonaparte, 37

MCMXXVII

PRÉFACE DE L'ÉDITEUR

*En publiant pour la première fois la
Vie de Henri Brulard, cinquante ans
environ après la mort de son auteur,
Casimir Stryienski apportait aux admirateurs de Stendhal le plus incomparable
document qui les pût encore éclairer sur
la jeunesse et l'âme profonde du Grenoblois.
Sans doute avait-il aussi bien feuilleté le
premier ces nombreux manuscrits qui dormaient jusqu'à lui dans la bibliothèque de
Grenoble, depuis le jour où les y avait
déposés la famille de Louis Crozet. Rien
ne nous dit même que ce dernier les eût
ouverts. L'homme qui envisageait de ne
publier ni* Armance, *ni les* Mémoires d'un
Touriste, *dans les* Œuvres choisies, *qui
hésitait à publier* le Rouge et le Noir,
*ne devait point avoir une grande curiosité
pour les écrits inachevés d'un ancien camarade dont il méconnaissait tellement l'intérêt
et l'originalité.*

Mais Romain Colomb, le cousin de

Beyle qui a tant fait pour sa mémoire, avait lu quant à lui, et de très près, toutes ces pages tracées d'une main hâtive. Il en utilisa tout ce qu'il put déchiffrer, en sauva bien des fragments que tout autre eût condamnés et c'est, par exemple, à son zèle perspicace que nous devons de trouver dans l'édition Michel-Lévy, sous le titre du « Chasseur Vert », *toute la première partie, la seule qui fût mise au net, de* Lucien Leuwen. *Pour le manuscrit d'*Henri Brulard, *il y prit certainement un vif intérêt. Et, si nous en croyons une réflexion de sa main datée de 1838, il dut en prendre connaissance une première fois durant ce séjour de Beyle à Paris qui suivit immédiatement la rédaction de ces souvenirs. On peut croire que Beyle le lui communiqua et l'on aurait là une preuve nouvelle de la confiance et de l'estime que ne cessa de témoigner à son parent l'auteur des* Promenades dans Rome. *Toujours est-il qu'au crayon, de son écriture claire et posée, Colomb annota avec soin ces feuillets où il retrouvait un peu de sa propre jeunesse. Ses remarques n'ont pas cessé d'être précieuses.*

Il emprunta encore abondamment à ces pages pour rédiger son importante Notice sur la vie et les œuvres de Stendhal, *qui parut d'abord en tête de* la Chartreuse de Parme *dans l'édition Hetzel et qui fut* souvent réimprimée depuis. Malheureusement ce sont presque toujours les renseignements biographiques que Colomb a retenus de préférence aux indications psychologiques, et comme la mémoire de Stendhal était beaucoup moins fidèle dans l'ordre des faits que dans celui des sentiments, il en résulte un certain nombre d'erreurs que son biographe n'a su éviter.

Il fallut donc attendre l'édition de Casimir Stryienski pour avoir sur la sensibilité de Stendhal enfant et sur sa formation si particulière, des précisions irréfutables. Jusqu'alors insoupçonnées des beylistes eux-mêmes, elles nous découvrirent enfin, on le peut dire sans exagération, un Stendhal absolument nouveau, un Stendhal à l'âme mélancolique et folle.

Avant la publication de ce livre, avant celle du Journal et des Souvenirs d'Egotisme, il était impossible de parler avec quelque vérité de Henri Beyle intime. Sans doute, on pouvait détacher des Mémoires d'un Touriste, une ou deux phrases relatives à sa façon personnelle de goûter les paysages qui jouaient sur son âme comme un archet. Mais sans la Vie de Henri Brulard nous serions tentés de ne voir là qu'une agréable métaphore et nous n'aurions jamais deviné à quel point Stendhal savait retrouver dans la nature l'image sensible et évidente de la femme adorée. De même, comment eussions-nous mesuré la profondeur de son caractère orageux qui le porta toujours comme un cheval, à galoper après son ombre ? Comment affirmer encore que cet auteur accusé de sécheresse par ses contemporains fut au contraire extrêmement sensible et romanesque ? Que s'il fut jacobin et anti-religieux avec tant de délices, les mobiles initiaux de cette attitude tiennent à sa rancune pour son père ? Il épousa par réaction les idées les plus contraires à celles de parents détestés, dût-il lui-même contredire sans vergogne ses goûts réels quand, affichant des sentiments démocratiques, il lui fallait cependant reconnaître qu'il abhorrait la canaille et que ce lui serait un supplice de vivre avec le peuple.

Mais nous ne prétendons pas dresser ici le tableau des sentiments véridiques de Stendhal ni de l'incohérence un peu tumultueuse de son caractère. Cette incohérence d'ailleurs n'est-elle pas un de ses plus grands charmes puisqu'elle vient témoigner de son entière bonne foi ? C'est du moins ce que pense M. Paul Bourget qui lui consacra, à l'occasion de l'édition Stryienski, un article aussi pénétrant qu'enthousiaste. (Le Figaro, 21 août 1890. Cet article a été reproduit depuis en appendice aux Essais de psychologie contemporaine.) Après y avoir clairement indiqué le vrai rang de Stendhal dans les lettres, M. Bourget recherchait les raisons de sa vogue récente, et il les trouvait résumées en « ce je ne sais quoi d'étrangement personnel qui explique peut-être, — mieux que les plus fines analyses, — les sympathies ou les antipathies à l'égard d'un auteur, quand cet auteur se met dans ses ouvrages au degré où celui-ci s'est mis dans les siens. » C'était sagement tout ramener à d'inexplicables questions d'affinité. Aussi bien n'a-t-on jamais pu expliquer les choix de l'amour.

Henri Brulard n'eut cependant point une presse unanimement favorable. Sans vouloir faire le relevé de tout ce qui fut dit, à cette époque, sur ce livre, il n'est, pour s'en convaincre, que de rapporter ce qu'un critique qui avait pourtant consacré des pages pertinentes à Prosper Mérimée, M. Augustin Filon, ne craignit pas d'écrire sur son auteur (la Revue Bleue, 20 septembre 1890) : « Ignorant et fat, il l'était assurément. Mais cette ignorance avait des vues surprenantes, cette fatuité était corrigée par beaucoup de sincérité... Lorsqu'il se cherchait, il ne se trouvait pas, et au lieu de son moi, ne découvrait qu'une succession et parfois un conflit de sensations. C'est la raison de son succès posthume parmi nous. Ceux qui l'avouent pour maître font leur *confession .» Pour désagréable qu'apparaisse le ton de ce jugement, il rejoint dans sa conclusion les paroles plus amènes de M. Paul Bourget, et confirme que la* Vie de Henri Brulard *dès son apparition fut considérée par tous comme un ouvrage de la plus extrême importance. Aucun portrait n'est plus parlant, aucun ne renferme plus de nuances.*

* * *

Beyle, consul à Civita-Vecchia, avait momentanément renoncé à faire éditer ses œuvres, ne voulant pas, tant qu'il serait employé par le Gouvernement, « blesser les balivernes, que plusieurs coteries veulent faire passer pour des vérités ». Mais s'il pouvait bien prendre la résolution de ne pas publier, il lui était moins facile de tenir celle de ne plus écrire. Durant les longues soirées qu'il passait à s'ennuyer à un âge où l'on revient plus facilement sur le passé qu'on a de cœur à imaginer l'avenir, il songea tout naturellement à commencer ses Mémoires. Dès 1832 il en jeta sur le papier plusieurs fragments. L'un d'eux qui raconte sa vie à Paris sous la Restauration de juin 1821 à novembre 1830, constitue aujourd'hui les Souvenirs d'Egotisme.

A peu près à la même époque, Stendhal avoue[1] *qu'il écrit ses « Confessions au style près, comme Jean-Jacques Rousseau, avec plus de franchise ». Il ajoute avoir commencé par la campagne de Russie. Le manuscrit auquel il fait allusion ne semble pas avoir été jamais retrouvé.*

Toujours est-il que le 15 février 1833, Stendhal, à Rome, retrace cette fois quelques souvenirs sur sa famille et son enfance, mais à peine a-t-il noirci les premiers feuillets qu'il s'arrête net[2].

Après tant de départs manqués, nous allons voir l'écrivain reprendre soudainement son projet :

« Je ne continue que le 23 novembre 1835. La même idée d'écrire my life *m'est venue dernièrement pendant mon voyage de Ravenne; à vrai dire je l'ai eue bien des fois depuis 1832, mais toujours j'ai été découragé par cette effroyable difficulté des Je et des Moi qui fera prendre l'auteur en grippe... »*

Le voyage de Ravenne est probablement d'octobre 1835. Mais si, le 23 novembre, Stendhal abandonne brusquement son Lucien

---

1. Lettre à M. Levavasseur, libraire à Paris. Cette lettre est probablement mal datée dans l'édition de la *Correspondance*.

2. On trouvera ce premier essai dans l'excellente édition de la *Vie de Henri Brulard* que nous devons aux soins de MM. Henry Debraye dans les *Œuvres complètes de Stendhal* édition Champion (T. II; Annexes, pp. 305-310).

Leuwen *auquel il travaillait presque exclusivement depuis dix-huit mois, c'est que lui est venue, raconte-t-il,* « *l'idée lumineuse qu'il allait avoir cinquante ans et qu'il était temps de songer au départ, et auparavant de se donner le plaisir de regarder un instant en arrière* ». *Désormais il ne s'arrêtera plus. Tantôt à Rome, et tantôt à Civita-Vecchia, il abat chaque jour une tâche de dix à vingt pages, lui consacrant la majeure partie du temps que lui laisse son métier de consul. Il en était arrivé à ses premiers souvenirs de Milan, quand le 26 mars 1836 l'annonce de son congé l'interrompit brusquement :* « *L'imagination vole ailleurs.* » *Il n'a plus aucun goût pour son travail, il ne fait qu'y ajouter quelques lignes, en corriger quelques passages. Puis il ferme définitivement son manuscrit le 6 avril et quitte Civita-Vecchia le 5 mai. A Paris il se remettra avec mollesse à la rédaction de* Leuwen, *jamais il ne reprendra celle de* Henri Brulard.

Sans ce long séjour en France il est probable que la Chartreuse de Parme *n'eût jamais vu le jour ; — de même que, sans son départ qui éteignit le feu de son inspiration, Stendhal eût certainement poussé plus avant la* Vie de Henri Brulard. *Faut-il donc aujourd'hui nous réjouir de son congé ou le maudire ? Question insoluble, encore que*

*nous connaissions des fanatiques qui sacri-
fieraient* la Chartreuse *pour lire* Henri
Brulard *au complet.*

*
* *

*Si Beyle n'a plus rien ajouté à son manus-
crit ni durant les trois années qu'il passa à
Paris, ni à son retour à Civita-Vecchia, du
moins, tant que dura sa fièvre de composition du 23 novembre 1835 au 26 mars 1836
l'avait-il relu plus d'une fois. Il revoyait
d'ordinaire ce qu'il avait écrit la veille avant
de reprendre chaque jour son récit. Aussi
a-t-il souvent surchargé son texte. Et comme
il avait noté dès le début :* « *peut-être en ne
corrigeant pas ce premier jet parviendrai-je
à ne pas mentir par vanité* », *il n'efface
jamais rien, ou presque. Chaque fois il
creuse en profondeur, cherchant toujours
à aller plus loin, à préciser davantage, à
voir plus clair.*

*Malheureusement nous n'avons avec
Henri Brulard que l'ébauche d'un grand
ouvrage autobiographique où Stendhal
recherche la sincérité absolue, s'étudie avec
une complaisance infinie, explique ses
sensations d'enfant, peint les gens qu'il
a connus. Mais les incidentes, les digres-
sions sont si fréquentes dans ce livre, où
en réalité il retrace seulement ses dix-huit*

premières années, que nous prenons des jours surprenants sur sa vie entière. Il écrit dans la fièvre, la joie, la passion. Les idées bouillonnent, la main ne peut les suivre, l'écriture devient de moins en moins lisible, l'orthographe de plus en plus fantaisiste, le style des plus elliptiques. L'auteur qui se rend compte de tout cela, espère bien quand il reprendra son ouvrage plus tard, l'ordonner, l'alléger et le compléter. Car il a conscience de tout ce qu'il apporte de nouveau dans la peinture de l'âme humaine, et il ne doute point que si ses amis ne parviennent pas à lui donner la publicité qu'il leur demande, son manuscrit du moins, découvert après de nombreuses années, sera alors publié dans son intégrité. Il prend ses dispositions à cet égard et, à plusieurs reprises, sur les mêmes feuillets où il se raconte, il trace son testament et lègue le soin de publier la Vie de Henri Brulard à ceux qu'il croit le plus propres à le faire. Le premier de ces testaments est daté de Civita-Vecchia le 24 décembre 1835 : « Je lègue et donne le présent volume à M. le Chevalier Abraham Constantin (de Genève), peintre sur porcelaine. Si M. Constantin ne l'a pas fait imprimer dans les mille jours qui suivront celui de mon décès, je lègue et donne ce volume, successivement, à MM. Alphonse Levavasseur, libraire, numéro seize place Vendôme, Philarète Chasles, homme de lettres, Henry Fournier, libraire, rue de Seine, Paulin, libraire, Delaunay, libraire ; et si aucun de ces Messieurs ne trouve son intérêt à faire imprimer dans les cinq ans qui suivront mon décès, je laisse ce volume au plus âgé des libraires, habitant dans Londres et dont le nom commence par un C. »

Le 1er décembre de la même année et le 20 janvier 1836, il récrit presque dans les mêmes termes des dispositions analogues. Deux fois encore il y ajoute un codicille : « J'exige (sine qua non conditio) que tous les noms de femmes soient changés avant l'impression. Je compte que cette précaution et la distance des temps empêcheront tout scandale. Civita-Vecchia, le 31 décembre 1835. »

Si les éditeurs d'aujourd'hui n'ont pas respecté cette clause formelle, c'est qu'un siècle et plus se sont écoulés entre les événements rapportés et l'époque où nous en avons pris connaissance.

*
* *

Stendhal, nous l'avons vu, a écrit sa Vie de Henri Brulard, *pour se donner le plaisir de regarder un instant en arrière*, *et surtout pour y voir clair en soi. Si, au lieu de laisser son récit inachevé aux environs de l'année 1800, il l'eût mené jusqu'en 1836, date à laquelle il cessa d'y travailler, quel document unique sur un cœur d'homme n'aurions-nous point eu ! Telle quelle, cette éclosion d'une sensibilité d'enfant, ardente, jalouse, tendre et renfermée, forme un livre d'une exceptionnelle qualité. C'est bien le « tableau des révolutions d'un cœur » comme il l'annonçait lui-même, qui s'y révèle, avec la pensée nue de Beyle embrassant tous sujets, en même temps que nous saisissons sur le vif la formation de cette pensée : les premières assises, les stratifications successives, les plus récents alluvions.*

Il est amusant au premier chef de voir à quel point le jeune Henri Brulard réagit dans la vie comme le feront précisément les héros des romans de Stendhal : Julien Sorel, Lucien Leuwen ou Fabrice del Dongo. L'auteur quand il les créa n'a fait que se peindre, non point tel qu'il se voyait, il n'était pas aveugle, mais tel qu'il eût aimé paraître dans l'existence. L'influence de sa première formation, de ses premiers rêves, est partout perceptible. On a déjà fait remarquer le nombre d'élèves de l'Ecole Polytechnique que l'on rencontre dans son œuvre : Octave de Malivert dans Armance,

Lucien Leuwen dans le roman de ce nom, Fédor de Miossens dans Lamiel. Cela tient évidemment à la formation mathématique de Stendhal et à ses premières ambitions. Ne voyons là d'ailleurs qu'un détail dans son œuvre ; ce qui est le plus frappant, c'est de voir qu'il n'imagine les actes et les sentiments de ces jeunes hommes qu'après avoir pris grand soin de regarder en lui-même comment, dans telle ou telle circonstance, une âme fière, ombrageuse, ardente, se conduirait ou voudrait pouvoir se conduire. Il nous confesse que tout ce qui était mesquin ou prosaïque, le rebutait au point qu'il n'était même pas capable de s'en souvenir : « Tous les faits qui forment la vie de Chrysale sont remplacés chez moi par du romanesque. Je crois que cette tache dans mon télescope a été utile pour mes personnages de romans, il y a une sorte de bassesse bourgeoise qu'ils ne peuvent avoir, et pour l'auteur ce serait parler le chinois qu'il ne sait pas. » Voilà tout le romanesque stendhalien expliqué.

Henri Beyle fut un adolescent ombrageux, qui songeait passionnément à la gloire et à l'amour. Il présentait déjà aux premières heures du XIXe siècle un type assez accentué de jeune romantique que nous verrons abondamment éclore dans *la vie et dans les lettres. On pourrait établir entre lui et Chatterton un parallèle attrayant. Que dis-je ? Ce parallèle s'impose puisque Stendhal reconnaît qu'à son arrivée à Paris il était « plongé dans des extases involontaires, dans des rêveries interminables, dans des inventions infinies ». Et ces expressions qui traduisent si bien ce qu'il éprouvait aux environs de sa dix-huitième année, il les découvre fort à propos trente-cinq ans plus tard dans un feuilleton de M. de Vigny, à qui il les emprunte pour exprimer ce qu'il ressentait alors. Ces phrases redondantes lui paraissent pourtant un peu boursouflées, un peu* importantes. *Comment ne se reconnaîtrait-il pas néanmoins dans le jeune héros que met en scène le chantre d'Éloa : « Sa sensibilité est devenue trop vive, ce qui ne fait qu'effleurer les autres le blesse jusqu'au sang. » Trait d'une justesse indéniable mais auquel Stendhal ajoute aussitôt un correctif nécessaire : « Tel en vérité j'étais en 1799, tel je suis encore en 1836, mais j'ai appris à cacher cela sous l'ironie imperceptible au vulgaire... » Henri Beyle a donc pu être peint par Vigny, mais il faut apporter à ce portrait quelques repentirs. Le jeune Henri Brulard a les mélancolies de Chatterton, son ardente sensibilité, ses désirs effrénés. Son clair cerveau lucide ne saurait* toutefois accepter jusqu'au bout les billevesées qui veulent que la société soit responsable de sa névrose et qu'elle soit sa débitrice.

De ce fait, il demeurera toujours exempt de vanité et de révolte. C'est par là qu'il se distingue tout d'abord de celui qui fut dans l'art autobiographique son prédécesseur et jusqu'à un certain point son modèle : Jean-Jacques Rousseau. Un plaisir de curiosité analogue à celui que nous donnent Les Confessions nous pousse à ouvrir la Vie de Henri Brulard. Mais l'auteur prétend moins dans ce livre légitimer tous ses actes que de retrouver les raisons qu'il eut d'orienter sa vie comme il le fit. C'est en cela sans doute que l'autobiographie de Beyle apporte quelque chose qui n'avait jamais été tenté. Ce n'est plus un plaidoyer, et ce n'est pas davantage un tableau d'histoire. On y rencontrera bien peu de choses sur l'histoire de la Révolution à Grenoble et encore moins sur l'organisation du Ministère de la Guerre à l'époque du Consulat. Le livre fini, nous ne connaissons bien que son auteur.

Dans ses analyses, l'observation de ses semblables lui a certainement apporté quelque lumière. Mais il a surtout pénétré tout un monde inconnu en réfléchissant sur ses souvenirs anciens, en explorant son *propre domaine, en démêlant sous ses impressions personnelles des éléments vivaces et permanents, et des lois générales.*

Stendhal n'entreprend pas de nous convaincre, il veut avant tout s'instruire. Il entend bien moins se produire en exemple que s'examiner sainement. Avant de se faire connaître aux autres, il lui faut se découvrir lui-même, et il n'entreprendra de nous enseigner les réactions d'un cœur que lorsqu'il en aura surpris dans sa poitrine le mécanisme délicat. Nous le voyons poursuivre avec obstination cette recherche. « Je rumine sans cesse sur ce qui m'intéresse, à force de le regarder dans des positions d'âme différentes, je finis par y voir du nouveau et je le fais changer d'aspect. » Il revient souvent sur la même idée et affirme encore qu'il ne comprend bien son caractère que depuis qu'il l'étudie la plume à la main. « Je suis si terriblement différent de ce que j'étais il y a vingt ans qu'il me semble faire des découvertes sur un autre. »

Comme l'a finement fait remarquer Émile Henriot, Henri Brulard présente « cette particularité piquante que, écrit trente-cinq ou quarante ans après l'époque qu'il raconte, c'est l'impression et la sensation du moment qu'il dépeint. L'instant et le souvenir ! La vivacité de celui-ci a fait revivre celui-là et le fixe à jamais. »

Toute la méthode psychologique de Beyle est ainsi démontée en quelque sorte et présentée pièce à pièce dans ce livre où l'on en peut saisir, du même regard, le détail et l'ensemble. Son auteur fait figure de précurseur et de maître. Il ne faut jamais oublier à ce sujet à quel point toute la psychologie moderne et romanesque procède de lui. Un des premiers, il a su exprimer les sentiments du cœur dans leur déroulement logique qui est bien moins celui du temps que celui des souvenirs.

Il anticipe toujours, soit. Il s'en aperçoit aussitôt du reste et s'en excuse : « La grande difficulté d'écrire ces mémoires, c'est de n'avoir et de n'écrire juste que les souvenirs relatifs à l'époque que je tiens par les cheveux. » Et c'est précisément grâce à ces anticipations que nous ne connaissons pas seulement les sentiments de Beyle lors de son enfance, mais que nous découvrons en outre des îlots précis et nombreux de son existence d'homme.

On voit dans Henri Brulard avec quelle sûreté il jette la sonde dans les richesses accumulées de son propre passé, comment il sait ordonner ses souvenirs en leur cherchant dans le temps et dans l'espace des jalons, des témoins qui leur soient contemporains et qui lui permettent de leur assigner leur vraie place, de juger leur importance et d'attester leur indéniable et féconde vérité.

Il procède comme le prospecteur des régions sous-marines, et ne sait pas davantage à l'avance ce qu'au cours de son exploration il va ramener au jour. Il s'agit de faire remonter à la surface de la conscience des impressions profondes, longtemps dissimulées et que lui-même peut croire oubliées à jamais. Il retrouve à tout moment des détails dont non seulement il ne croyait plus se souvenir, mais qu'il est tout surpris d'avoir enregistrés. Ce sont des fantaisies de mémoire qui l'étonnent, l'enchantent et auxquelles il s'attache avec minutie.

Est-ce à dire que ces petits faits qui émergent peu à peu vont être notés sans ordre, à mesure qu'ils s'éclairent de précisions plus grandes ? Que non pas, le psychologue ne saurait s'interdire de choisir et l'artiste de grouper les traits qui ont une signification. Il s'attache d'autant plus à l'un d'eux qu'il apporte quelque valeur nouvelle dans l'ordre du souvenir, ou qu'il situe ce souvenir avec une plus grande exactitude. Reste à savoir si le chercheur n'a pas sollicité parfois avec trop de complaisance la portée de ses minimes découvertes, et c'est là que commencent ses propres doutes : « Je n'ai pas grande confiance au fond, écrit-il, dans tous les jugements dont j'ai rempli les cinq cent trente-six pages précédentes. Il n'y a de sûrement vrai que les sensations ; seulement pour parvenir à la vérité, il faut mettre quatre dièzes à mes impressions. Je les rends avec froideur et les sens amortis par l'expérience d'un homme de quarante ans. »

Stendhal part donc de ses perceptions pour remonter à leurs causes. Toutes les fois qu'il s'interroge, toutes les fois qu'il fouille obstinément son passé, il dévoile des images plus ou moins effacées et qui s'éclairent à mesure qu'il y prête plus d'attention.

Pourquoi aujourd'hui cette image et pourquoi demain cette autre ? Evidemment cela dépend du sens des sondages, mais aussi beaucoup du hasard. Il n'est pas le maître, mais bien plutôt l'esclave de sa mémoire. Les images qui renaissent n'ont pas non plus toutes la même netteté, elles ont parfois des manques : « C'est une fresque dont de grands morceaux seraient tombés. »

Stendhal se souvient-il d'un événement, il revoit aussitôt le lieu de la scène, la position des personnages, et avant même que de décrire et d'expliquer sa vision, il en trace le croquis d'une main fidèle.

L'embarras commence pour lui quand il s'agit de rappeler les événements auxquels correspond l'image qui vient de naître.

L'auteur souvent ne s'en souvient plus. L'image ne le lui dit pas. Elle n'est qu'image.

Stendhal examine ces images, il en fait l'analyse, il en cherche le sens, et c'est en les fixant sur le papier, si longtemps après les faits rapportés, qu'il s'explique d'ordinaire « la physionomie et le pourquoi des événements ». Mais parfois il ne peut remonter aussi facilement de l'image du passé à sa cause, de la sensation éprouvée à ce qui lui donna naissance, il échafaude alors toute une construction qui peut bien sembler assez plausible, mais qui n'est peut-être pas vraie. Il n'est donc jamais certain de ne pas inventer quelque peu dès qu'il abandonne l'image.

En d'autres rencontres il en vient parfois à douter de la valeur même de cette image : « Je me figure l'événement, mais probablement ce n'est pas un souvenir direct, ce n'est que le souvenir de l'image que je me formais de la chose, fort anciennement et à l'époque des récits qu'on m'en fit. » Des visions secondaires ont pu en effet altérer les premières visions, d'autres impressions venir se superposer, et parmi ces souvenirs élagés il est bien difficile, sinon impossible, d'établir une chronologie impeccable et un ordre rigoureux de grandeur et d'importance : « Le trait définitif, qui me semble vrai, m'a fait oublier tous les traits antérieurs (terme de dessin). »

Une nouvelle cause d'erreur provient enfin de ce qu'à force de concentrer son attention sur le souvenir, cet examen trop approfondi et trop prolongé le fait changer d'aspect. Aussi, avec une égale sincérité, Beyle croit tantôt que la conformité de son souvenir et des événements réside dans la première image qui vient de surgir dans son esprit, et tantôt il ne pense découvrir la vérité qu'après une lente réflexion.

La recherche du vrai a donc toujours quelque chose de conjectural. Stendhal pressent cette vérité sans oser s'y arrêter. Peut-être était-il, bien qu'analyste minutieux, trop homme d'action pour cela. Du moins sa propre recherche l'aura singulièrement instruit. Ayant beaucoup et profondément regardé dans son cœur il croit bien avoir pénétré jusqu'à leurs plus secrets motifs les actions des hommes. Aucun d'eux ne lui apparaît libre de ne point aller à la chasse au bonheur. Reste à découvrir comment il entend cette chasse et où il place le bonheur. On sait que cette observation fut, toute sa vie, la grande curiosité de Henri Beyle.

* * *

Les manuscrits de la Vie de Henri Brulard, à la Bibliothèque municipale de Grenoble comprennent d'abord trois gros volumes reliés, catalogués R. 299. Puis, le dernier chapitre de l'ouvrage (avec, par inadvertance, son tout premier feuillet) a été relégué et comme égaré au tome XII des papiers réunis sous la cote R. 5896. Toutes ces pages sont numérotées à la suite de 1 à 808. Enfin, un supplément broché, classé R. 300, contient trois chapitres supplémentaires destinés par Stendhal à être intercalés parmi les parties déjà écrites lorsqu'il les composa et qui, dans l'ordre où ils se présentent, forment les chapitres 15, 13 et 5 de l'édition Debraye, ainsi que de la présente édition.

Le manuscrit au total se compose donc de 878 grands feuillets environ, plus de nombreuses feuilles blanches intercalaires et non foliolées : les feuillets utilisés sont couverts d'une écriture ultra-rapide, généralement au recto seul des pages, sauf quand l'écrivain ajoute à sa rédaction primitive des béquets. Alors il les place fréquemment, quand les marges n'y suffisent pas, sur le verso, face au texte à compléter. C'est là encore, aussi souvent que dans le texte, qu'il trace à main levée ses nombreux plans explicatifs dont cette édition est la première à fournir des reproductions qui pour la commodité du format sont presque toutes sensiblement réduites. Nous n'avons laissé de côté que ceux des dessins qui faisaient double emploi.

La très mauvaise écriture de Stendhal, jointe à sa manie des abréviations et des anagrammes, rend assez difficile la lecture de ce manuscrit. Casimir Stryienski qui se hasarda le premier à le déchiffrer n'en a donné en 1890 qu'une édition excessivement élaguée et fautive qui ne nous permettait pas de bien juger la profondeur des impressions conservées par l'auteur depuis son enfance pensive. La vraie figure de ce Beyle, si tenace et si raisonneur, nous fut seulement restituée par M. Henry Debraye dans l'édition Champion (1913) dont la version intégrale est pour un tiers constituée de pages inédites omises par Stryienski.

Quand à mon tour j'ai établi le texte de la présente édition directement sur les manuscrits de Grenoble, j'ai eu constamment sous les yeux les travaux de Stryienski et de Debraye. Ce dernier m'a été du plus grand secours. Je l'ai presque toujours suivi, et particulièrement en ce qui concerne la division de l'ouvrage en chapitres. Stendhal a écrit presque tout son récit d'un seul tenant et n'y a introduit qu'après coup les divisions qu'il souhaitait. Parfois il les a omises ou indiquées trop vaguement. M. Debraye alors y a suppléé assez adroitement pour qu'on puisse répondre, à qui reprocherait à ses coupes d'être conventionnelles, que tout autre mode de répartition des chapitres le serait tout autant. Le désir d'originalité à tout prix ne m'a jamais poussé à démolir ce qui avait été édifié par mon prédécesseur avec beaucoup de sagacité et de logique. En général, la version Debraye complète non seulement comme il était nécessaire la version Stryienski, mais encore elle la corrige fréquemment et presque toujours avec bonheur. Cependant, pour si paradoxal que cela puisse paraître, j'ai cru devoir revenir parfois à Stryienski qui, pour quelques détails, me semblait de temps à autre suivre plus fidèlement le manuscrit. Sur bien des points, du reste, il peut à la rigueur exister autant d'interprétations qu'il y aura de chercheurs qui voudront démêler, la loupe à la main, le grimoire de certains passages. Ma lecture personnelle m'a ainsi conduit assez souvent à des interprétations différentes de celles de mes devanciers. Et quand M. Debraye malgré tout son zèle à transcrire exactement le manuscrit entier a dû pourtant laisser en blanc quelques mots ou quelques courtes phrases qu'il jugeait illisibles, je pense avoir été assez heureux pour en déchiffrer une partie. Mon édition prétend donc être en progrès sur celles qui l'ont précédée comme toute édition future, qui s'aidera à son tour des lumières des trois éditions antérieures et qui reprendra l'étude patiente du manuscrit, sera sans aucun doute elle-même en nouveau progrès sur celle-ci. Il faut cependant le reconnaître, le travail de M. Henry Debraye m'a aidé et j'ai le devoir d'exprimer ici à son auteur ma gratitude. Je dois aussi des remerciements à tous ceux qui ont facilité ma tâche : M. Louis Royer, l'aimable conservateur de la Bibliothèque de Grenoble, qui m'a autorisé avec tant de bonne grâce à reproduire les dessins et plans du manuscrit, M. Paul Arbelet dont les études antérieures et les remarques sur l'édition, Debraye [1] m'ont été souvent fort utiles, M. Henry Rambaud qui a bien voulu mettre à mon service sa connaissance de l'écriture de Stendhal.

En surcharge à son texte et dans les marges du manuscrit, Stendhal, je l'ai dit, pique fréquemment des renvois, béquets qui doivent le plus ordinairement s'incorporer au texte ou réflexions adventices qui viennent commenter sa pensée. Parfois aussi nous y déchiffrons une sorte de memento de son ennui à Civita-Vecchia ou de ses distractions romaines, des spectacles auxquels il a assisté, des projets qu'il forme avec complaisance. Ces notes éclairent de façon

1. Les remarques de M. Arthur Chuquet sur l'édition Champion m'ont été également parfois fort précieuses.

précieuse l'existence de Henri Beyle à cette époque, aussi ont-elles été presque toujours retenues à côté de celles qui expliquent la Vie de Henri Brulard et son histoire et que j'ai toutes fidèlement reproduites.

J'ai signalé déjà les annotations de Romain Colomb, placées face au texte sur le verso blanc des feuillets, et qui viennent préciser, approuver ou infirmer le récit de son cousin. Ces commentaires précieux d'un témoin véridique et que son imagination n'égare jamais ont été, bien entendu, conservés.

D'autres problèmes plus ardus se sont présentés. Beyle avait cherché avant tout à se traduire dans sa plus grande vérité et parmi tant d'autres difficultés qui lui rendaient sa tâche malaisée, la moindre n'était pas le danger qu'il y avait pour lui à exprimer trop au clair, dans les Etats Pontificaux, ses idées libérales et anti-cléricales. Ce danger n'était pas aussi illusoire qu'on le pourrait penser de nos jours. Il n'est plus permis de le contester depuis la publication par Madame Marie-Jeanne Durry de documents du plus haut intérêt (Stendhal et la police pontificale. Editions du Stendhal-Club, n° 11, 1925.) *Aussi Beyle se félicite-t-il de sa détestable écriture qui, pense-t-il, découragera les indiscrets qui viendraient à fouiller ses papiers. Pour dépister les espions il accumule encore les précautions. Presque toutes sont fort amusantes pour qui en analyse aujourd'hui le mélange de puérilité et d'astuce. Il donne d'abord à chacun des trois gros premiers volumes de son manuscrit des titres, sous-titres et explications qui pourraient déconcerter le lecteur non prévenu à la fois de son ordinaire prudence et de la malice avec laquelle il considérait toujours lui-même ses craintes les plus légitimes. Ces notes liminaires valent d'être reproduites :*

Tome I§er§. — *Vie de Henri Brulard. A Messieurs de la Police. Ceci est un roman imité du* Vicaire de Wakefield. *Le Héros, Henri Brulard, écrit sa vie à cinquante-deux ans, après la mort de sa femme, la célèbre Charlotte Corday.*

Tome II. — *Vie de Henri Brulard, écrite par lui-même. Roman imité du* Vicaire de Wakefield, *surtout pour la pureté des sentiments. A Messieurs de la Police. Rien de politique. Le héros de ce roman finit par se faire prêtre comme Jocelyn.*

Tome III. — *Vie de Henri Brulard, écrite par lui-même. Roman à détails, imité du* Vicaire de Wakefield. *A Messieurs de la Police. Rien de politique dans ce roman. Le plan est un exalté dans tous les genres qui, dégoûté et éclairé peu à peu, finit par se consacrer au culte des hôtels* (sic).

A la suite de cette peu banale précaution, Stendhal dans son texte accumule contre la curiosité des policiers les clefs, anagrammes et autres chausse-trapes. Pour masquer les mots dangereux, il les déforme à plaisir. Il écrit ordinairement pour *jésuite* : tejésui *ou plus couramment* tejé. La religion *devient sous sa plume* gionreli *ou* gionre, *un dévot, un* votdé, *une absurde dévotion, une* surdeab tiondévo. Omar *veut dire Rome,* Ruda, *M. Daru,* Lémo, *M. Molé, et* Samto *: Thomas. Pour indiquer ses cinquante-trois ans il a recours à cette formule arithmétique :*

$$5 \times 10 + \sqrt[2]{9}.$$

Je ne suis pas de ceux qui croient que l'ouvrage de Beyle serait plus piquant si nous avions maintenu ces légères énigmes. En réalité, il ne les employait que pour sa sécurité personnelle. De nos jours où il n'est plus menacé, il faut traduire sa pensée en clair. Tant pis si les amateurs de rébus s'en montrent fâchés.

J'ai rétabli de mon mieux la ponctuation partout inexistante ou défectueuse dans le manuscrit comme l'orthographe ordinaire des noms propres. Là non plus je n'ai pas cru devoir suivre les erreurs ou les amusements de Stendhal qui par exemple écrit constamment Kolon quand il veut désigner son cousin Colomb.

Pour qui voudra suivre ligne à ligne toutes les fantaisies de l'auteur de la Vie de Henri Brulard, ainsi que pour les éclaircissements historiques, la date exacte de composition des chapitres, l'état-civil de Beyle et de ses plus proches parents, sa maison natale, l'appartement Gagnon, Grenoble en 1793, et divers commentaires à l'usage des érudits et des beylistes passionnés, je renverrai comme toujours à l'indispensable édition Champion.

Pour moi je me suis contenté de réviser ici avec une grande application un texte où demeure enfermée mieux que dans tout autre ouvrage la rare sensibilité de Beyle. Ce ne fut pas en vain que son grand-père, le docteur Henri Gagnon, lui vantait sans cesse comme couronnement de toute science la connaissance du cœur humain. Le jeune enfant tout d'abord ne comprit pas grand'chose à cette phrase ambitieuse. Par la suite, il y vit, je crois, assez clair pour tracer cette Vie de Henri Brulard, où il atteignit la vérité psychologique universelle par ce qu'il avait appris à lire dans son propre cœur.

Henri MARTINEAU.

VIE
DE HENRI BRULARD

CHAPITRE 1

Je me trouvais ce matin, 16 octobre 1832, à San-Pietro *in Montorio*, sur le mont Janicule, à Rome, il faisait un soleil magnifique. Un léger vent de sirocco à peine sensible faisait flotter quelques petits nuages blancs au-dessus du mont Albano ; une chaleur délicieuse régnait dans l'air, j'étais heureux de vivre. Je distinguais parfaitement Frascati et Castel-Gondolfo, qui sont à quatre lieues d'ici, la villa Aldobrandini où est cette sublime fresque de Judith du Dominiquin. Je vois parfaitement le mur blanc qui marque les réparations faites en dernier lieu par le prince F. Borghèse, celui-là même que je vis à Wagram colonel du régiment de cuirassiers, le jour où M. de M..., mon ami, eut la jambe emportée. Bien plus loin, j'aperçois la roche de Palestrina et la maison blanche de Castel-San-Pietro, qui fut autrefois sa forteresse. Au-dessous du mur contre lequel je m'appuie, sont les grands orangers du verger des capucins, puis le Tibre et le prieuré de Malte, et un peu après sur la droite le tombeau de Cécilia Metella, Saint-Paul et la pyramide de Cestius. En face de moi, je vois Sainte-Marie-Majeure et les longues lignes du Palais de Monte-Cavallo. Toute la Rome ancienne et moderne, depuis l'ancienne voie Appienne avec les ruines de ses tombeaux et de ses aqueducs jusqu'aux magnifiques jardins du Pincio bâtis par les Français, se déploie à la vue.

Ce lieu est unique au monde, me disais-je en rêvant, et la Rome ancienne malgré moi l'emportait sur la moderne, tous les souvenirs de Tite-Live me revenaient en foule. Sur le mont Albano à gauche du couvent j'apercevais les prés d'Annibal.

Quelle vue magnifique ! c'est donc ici que la *Transfiguration* de Raphaël a été admirée pendant deux siècles et demi. Quelle différence avec la triste galerie de marbre gris où elle est enterrée aujourd'hui au fond du Vatican ! Ainsi pendant deux cent cinquante ans ce chef-d'œuvre a été ici, deux cent cinquante ans !..... Ah ! dans trois mois j'aurai cinquante ans, est-il bien possible ! 1783, 93, 1803, je suis tout le compte sur mes doigts..... et 1833 cinquante. Est-il bien possible ! cinquante, je vais avoir la cinquantaine et je chantais l'air de Grétry :

Quand on a la cinquantaine.

Cette découverte imprévue ne m'irrita point, je venais de songer à Annibal et aux Romains. De plus grands que moi sont bien morts !..... Après tout, me dis-je, je n'ai pas mal occupé ma vie, *occupé* ! Ah ! c'est-à-dire que le hasard ne m'a pas donné trop de malheurs, car en vérité ai-je dirigé le moins du monde ma vie ?

Aller devenir amoureux de Mlle de Griesheim, que pouvais-je espérer d'une demoiselle noble, fille d'un général en faveur deux mois auparavant, avant la bataille de Iéna ! Brichaud avait bien raison quand il me disait, avec sa méchanceté habituelle : « Quand on aime une femme, on se dit qu'en veux-je faire ? »

Je me suis assis sur les marches de San-Pietro et là j'ai rêvé une heure ou deux à cette idée. Je vais avoir cinquante ans, il serait bien temps de me connaître. Qu'ai-je été, que suis-je, en vérité je serais bien embarrassé de le dire.

Je passe pour un homme de beaucoup

d'esprit et fort insensible, roué même, et je vois que j'ai été constamment occupé par des amours malheureuses. J'ai aimé éperdûment Madame Cubly, Mlle de Griesheim, Mme de Diphortz, Métilde, et je ne les ai point eues, et plusieurs de ces amours ont duré trois ou quatre ans. Métilde a occupé absolument ma vie de 1818 à 1824. Et je ne suis pas encore guéri, ai-je ajouté, après avoir rêvé à elle seule pendant un gros quart d'heure peut-être. M'aimait-elle ?

J'étais attendri, en prière, en extase. Et Menti, dans quel chagrin ne m'a-t-elle pas plongé quand elle m'a quitté ? Là, j'ai eu un frisson en pensant au 15 septembre 1826, à San Remo, à mon retour d'Angleterre. Quelle année ai-je passée du 15 septembre 1826 au 15 septembre 1827 ! Le jour de ce redoutable anniversaire j'étais à l'île d'Ischia. Et je remarquais un mieux sensible, au lieu de songer à mon malheur directement, comme quelques mois auparavant, je ne songeais plus qu'au *souvenir* de l'état malheureux où j'étais plongé en octobre 1826 par exemple. Cette observation me consola beaucoup.

Qu'ai-je donc été ? Je ne le saurais. A quel ami, quelque éclairé qu'il soit, puis-je le demander ? M. di Fiore lui-même ne pourrait me donner d'avis. A quel ami ai-je jamais dit un mot de mes chagrins d'amour ?

Et ce qu'il y a de singulier et de bien malheureux, me disais-je ce matin, c'est que mes *victoires* (comme je les appelais alors, la tête remplie de choses militaires) ne m'ont pas fait un plaisir qui fût la moitié seulement du profond malheur que me causaient mes défaites.

La victoire étonnante de Menti ne m'a pas fait un plaisir comparable à la centième partie de la peine qu'elle m'a faite en me quittant pour M. de Bospier.

Avais-je donc un caractère triste ?

...Et là, comme je ne savais que dire, je me suis mis sans y songer à admirer de nouveau l'aspect sublime des ruines de Rome et de sa grandeur moderne ; le Colisée vis-à-vis de moi et sous mes pieds le palais Farnèse avec sa belle galerie de Charles Maderno ouverte en arceaux, le palais Corsini sous mes pieds.

Ai-je été un homme d'esprit? Ai-je eu du talent pour quelque chose ? M. Daru disait que j'étais ignorant comme une carpe, oui mais c'est Besançon qui m'a rapporté cela et la gaieté de mon caractère rendait fort jalouse la morosité de cet ancien secrétaire-général de Besançon. Mais ai-je eu le caractère gai ?

Enfin, je ne suis descendu du Janicule

que lorsque la légère brume du soir est venue m'avertir que bientôt je serais saisi par le froid subit et fort désagréable et malsain qui en ce pays suit immédiatement le coucher du soleil. Je me suis hâté de rentrer au Palazzo Conti (Piezza Minerva), j'étais harassé. J'étais en pantalon de... blanc anglais, j'ai écrit sur la ceinture en dedans : 16 octobre 1832, je vais avoir la cinquantaine, ainsi abrégé pour n'être pas compris : *J. vaisa voir la 5.*

Le soir en rentrant assez ennuyé de la soirée de l'ambassadeur je me suis dit : je devrais écrire ma vie, je saurai peut-être enfin, quand cela sera fini dans deux ou trois ans ce que j'ai été, gai ou triste, homme d'esprit ou sot, homme de courage ou peureux, et enfin au total heureux ou malheureux, je pourrai faire lire ce manuscrit à di Fiore.

Cette idée me sourit. Oui, mais cette effroyable quantité de *Je* et de *Moi* ! Il y a de quoi donner de l'humeur au lecteur le plus bénévole. *Je* et *Moi*, ce serait, au talent près, comme M. de Chateaubriand, ce roi des *égotistes*.

De *je* mis avec *moi* tu fais la récidive...

Je me dis ce vers à chaque fois que je lis une de ses pages.

On pourrait écrire, il est vrai, en se servant de la troisième personne, *il* fit, *il* dit. Oui, mais comment rendre compte des mouvements intérieurs de l'âme ? C'est là-dessus surtout que j'aimerais consulter di Fiore.

Je ne continue que le 23 novembre 1835. La même idée d'écrire *my life* m'est venue dernièrement pendant mon voyage de Ravenne ; à vrai dire, je l'ai eue bien des fois depuis 1832, mais toujours j'ai été découragé par cette effroyable difficulté des *Je* et des *Moi*, qui fera prendre l'auteur en grippe, je ne me sens pas le talent pour la tourner. A vrai dire, je ne suis rien moins que sûr d'avoir quelque talent pour me faire lire. Je trouve quelquefois beaucoup de plaisir à écrire, voilà tout[1].

---

1. Au lieu de tant de bavardages, peut-être que ceci suffit :

Brulard (Marie-Henry), né à Grenoble en 1786 (*sic*), d'une famille de bonne bourgeoisie qui prétendait à la noblesse, il n'y eut pas de plus fiers aristocrates qu'on pût voir dès 1752. Il fut témoin de bonne heure de la méchanceté et de l'hypocrisie de certaines gens, de là sa haine d'instinct pour la gi(on). Son enfance fut heureuse jusqu'à la mort de sa mère, qu'il perdit à sept ans, ensuite les p(rêtres) en firent un enfer. Pour en sortir, il étudia les mathématiques avec passion et en 1797 ou 98 remporta le premier prix, tandis que cinq élèves reçus le mois après à l'école polytechnique n'avaient que le second. Il arriva à Paris le lendemain du 18 Brumaire (9 novembre 1799), mais se garda bien de se présenter à l'examen pour l'école polytechnique. Il partit avec l'armée de réserve en amateur et passa le Saint-Bernard

S'il y a un autre monde, je ne manquerai pas d'aller voir Montesquieu, s'il me dit : « Mon pauvre ami, vous n'avez pas eu de talent du tout », j'en serais fâché mais nullement surpris. Je sens cela souvent, quel œil peut se voir soi-même ? Il n'y a pas trois ans que j'ai trouvé ce *pourquoi*.

Je vois clairement que beaucoup d'écrivains qui jouissent d'une grande renommée sont détestables. Ce qui serait un blasphème à dire aujourd'hui de M. de Chateaubriand (sorte de Balzac) sera un *truism* en 1880. Je n'ai jamais varié sur ce Balzac, en paraissant vers 1803 le *Génie du Christianisme* m'a semblé ridicule. Crozet fut séduit. Mais sentir les défauts d'un autre,

---

deux jours après le Premier Consul. A son arrivée à Milan, M. Daru, son cousin, alors inspecteur aux revues de l'armée, le fit entrer comme maréchal des logis, et bientôt sous-lieutenant, dans le 6ᵉ de Dragons, dont M. Le Baron, son ami, était colonel. Dans son régiment B., qui avait 150 francs de pension par mois et qui se disait riche, il avait 17 ans, fut envié et pas trop bien reçu ; il eut cependant un beau certificat du Conseil d'administration. Un an après, il fut aide de camp du brave lieutenant-général Michaud, fit la campagne du Mincio contre le général Bellegarde, jugea la sottise du général Brune et fit des garnisons charmantes à Brescia et Bergame. Obligé de quitter le général Michaud, car il fallait être au moins lieutenant pour remplir les fonctions d'aide de camp, il rejoignit le 6ᵉ de Dragons à Alba et Savigliano, fièrement, fit une maladie mortelle à Saluces...

Ennuyé de ses camarades, culottes de peau, B. vint à Grenoble, devint amoureux de Mlle Victorine M. ; et, profitant de la petite paix, donna sa démission et alla à Paris, où il passa des ans dans la solitude, croyant ne faire que s'amuser en lisant les *Lettres Persanes*, Montaigne, Cabanis, Tracy, et dans le fait finissant son éducation.

est-ce avoir du talent ? Je vois les plus mauvais peintres voir très bien les défauts les uns des autres : M. Ingres a toute raison contre M. Gros, et M. Gros contre M. Ingres. (Je choisis ceux dont on parlera peut-être encore en 1935.)

Voici le raisonnement qui m'a rassuré à l'égard de ces Mémoires. Supposons que je continue ce manuscrit et qu'une fois écrit je ne le brûle pas ; je le léguerai non à un ami qui pourrait devenir dévot ou vendu à un parti, comme ce jean-sucre de Thomas Moore, je le léguerai à un libraire, par exemple à M. Levavasseur (Place Vendôme, Paris.)

Voilà donc un libraire qui après moi reçoit un gros volume relié de cette détestable écriture. Il en fera copier quelque peu, et lira, si la chose lui semble ennuyeuse, si personne ne parle plus de M. de Stendhal, il laissera là le fatras, qui sera peut-être retrouvé deux cents ans plus tard comme les mémoires de Benvenuto Cellini.

S'il imprime et que la chose semble ennuyeuse, on en parlera au bout de trente ans comme aujourd'hui l'on parle du poème de la *Navigation* de cet espion d'Esménard, dont il était si souvent question aux déjeuners de M. Daru en 1802. Et encore cet espion était, ce me semble, censeur où directeur de tous les journaux qui le *poffaient* (de *to puff*) à outrance toutes les semaines. C'était le Salvandy de ce temps-là, encore plus impudent, s'il se peut, mais avec bien plus *d'idées*.

Mes Confessions n'existeront donc plus trente ans après avoir été imprimées, si les *Je* et les *Moi* assomment trop les lecteurs ; et toutefois j'aurai eu le plaisir de les écrire, et de faire à fond mon examen de conscience. De plus, s'il y a succès, je cours la chance d'être lu en 1900 par les âmes que j'aime, les madame Roland, les Mélanie Guilbert, les.....

Par exemple, aujourd'hui 24 novembre 1835, j'arrive de la Chapelle Sixtine, où je n'ai eu aucun plaisir, quoique muni d'une bonne lunette pour voir la voûte et le Jugement Dernier de Michel-Ange ; mais un excès de café commis avant-hier chez les Caetani, par la faute d'une machine que Michel-Ange[1] a rapportée de Londres, m'avait jeté dans la névralgie. Une machine trop parfaite. Ce café trop excellent, lettre de change tirée sur le bonheur à venir au profit du moment présent, m'a rendu mon ancienne névralgie, et j'ai été à la Chapelle Sixtine comme un mouton, *id est* sans plaisir, jamais l'ima-

---

1. Michel-Ange Caetani. N. D. L. E.

gination n'a pu prendre son vol. J'ai admiré la draperie de brocart d'or, peinte à fresque, à côté du trône, c'est-à-dire du grand fauteuil de bois de noyer du pape. Cette draperie, qui porte le nom de Sixte IV, Pape (Sixtus IIII, Papa), on peut la toucher de la main, elle est à deux pieds de l'œil et elle fait illusion après trois cent cinquante-quatre ans.

N'étant bon à rien, pas même à écrire des lettres officielles pour mon métier, j'ai fait allumer du feu, et j'écris ceci, sans mentir j'espère, sans me faire illusion, avec plaisir, comme une lettre à un ami. Quelles seront les idées de cet ami en 1880 ? Combien différentes des nôtres ! Aujourd'hui c'est une énorme imprudence, une énormité pour les trois quarts de mes connaissances, que ces deux idées : le *plus fripon des Kings* et *Tartare hypocrite* appliqués à deux noms que je n'ose écrire ; en 1880, ces jugements seront des *truisms* que même les Kératry de l'époque n'oseront plus répéter. Ceci est nouveau pour moi ; parler à des gens dont on ignore absolument la tournure d'esprit, le genre d'éducation, les préjugés, la religion ! Quel encouragement à être *vrai*, et simplement *vrai*, il n'y a que cela qui tienne. Benvenuto a été *vrai*, et on le suit avec plaisir, comme s'il était écrit d'hier, tandis qu'on saute les feuillets de ce jésuite de Marmontel qui pourtant prend toutes les précautions possibles pour ne pas déplaire, en véritable Académicien. J'ai refusé d'acheter ses mémoires à Livourne, à vingt sous le volume, moi qui adore ce genre d'écrits.

Mais combien ne faut-il pas de précautions pour ne pas mentir !

Par exemple au commencement du premier chapitre, il y a une chose qui peut sembler une hâblerie : non, mon lecteur, je n'étais point soldat à Wagram en 1809.

Il faut que vous sachiez que quarante-cinq ans avant vous il était de mode d'avoir été soldat sous Napoléon. C'est donc aujourd'hui, 1835, un mensonge tout à fait digne d'être écrit que de faire entendre indirectement et sans mensonge absolu (*jesuitico more*), qu'on a été soldat à Wagram.

Le fait est que j'ai été maréchal des logis et sous-lieutenant au 6ᵉ dragons, à l'arrivée de ce régiment en Italie, mai 1800, je crois, et que je donnai ma démission à l'époque de la petite paix de 1803. J'étais ennuyé à l'excès de mes camarades, et ne trouvais rien de si doux que de vivre à Paris, en *philosophe*, c'était le mot dont je me servais alors avec moi-même, au moyen des cent cinquante francs par mois que mon père me donnait. Je supposais qu'après lui j'aurais le double ou deux fois le double ; avec l'ardeur de savoir qui me brûlait alors, c'était beaucoup trop.

Je ne suis pas devenu colonel, comme je l'aurais été avec la puissante protection de M. le comte Daru, mon cousin, mais j'ai été, je crois, bien plus heureux. Je ne songeai bientôt plus à étudier M. de Turenne et à l'imiter, cette idée avait été mon but fixe pendant les trois ans que je fus dragon. Quelquefois elle était combattue par cette autre : faire des comédies comme Molière et vivre avec une actrice. J'avais déjà alors un dégoût mortel pour les femmes honnêtes et l'hypocrisie qui leur est indispensable. Ma paresse énorme l'emporta ; une fois à Paris je passais des six mois entiers sans faire de visites à ma famille (MM. Daru, Mme Le Brun, M. et Mme de Baure), je me disais toujours *demain* ; je passai deux ans ainsi, dans un cinquième étage de la rue d'Angiviller, avec une belle vue sur la colonnade du Louvre, et lisant La Bruyère, Montaigne et J.-J. Rousseau, dont bientôt l'emphase m'offensa. Là se forma mon caractère. Je lisais beaucoup aussi les tragédies d'Alfieri, m'efforçant d'y trouver du plaisir, je vénérais Cabanis, Tracy et J.-B. Say, je lisais souvent Cabanis, dont le style vague me désolait. Je vivais solitaire et fou comme un Espagnol, à mille lieues de la vie réelle. Le bon père Jeki, Irlandais, me donnait des leçons d'anglais, mais je ne faisais aucun progrès, j'étais fou d'Hamlet.

Mais je me laisse emporter, je m'égare, je serai inintelligible si je ne suis pas l'ordre des temps, et d'ailleurs les circonstances ne me reviendront pas si bien.

.Donc, à Wagram, en 1809, je n'étais pas militaire, mais au contraire adjoint aux commissaires des Guerres, place où mon cousin M. Daru m'avait mis pour *me retirer du vice*, suivant le style de ma famille. Car ma solitude de la rue d'Angiviller avait fini par vivre une année à Marseille avec une actrice charmante qui avait les sentiments les plus élevés et à laquelle je n'ai jamais donné un sou.

D'abord par la grandissime raison que mon père me donnait toujours cent cinquante francs par mois sur lesquels il fallait vivre, et cette pension était fort mal payée à Marseille, en 1805.

Mais je m'égare encore. En octobre 1806, après *Iéna*, je fus adjoint aux commissaires des Guerres, place honnie par les soldats ; en 1810, le 3 août, auditeur au Conseil d'Etat, inspecteur général du mobilier de la couronne quelques jours après. Je fus en faveur, non auprès du maître, Napoléon ne parlait pas à des fous de mon espèce, mais fort bien vu du meilleur des hommes, M. le duc de Frioul (Duroc). Mais je m'égare.

CHAPITRE 2

Je tombai avec Napoléon en avril 1814. Je vins en Italie vivre comme dans la rue d'Angiviller[1]. En 1821, je quittai Milan, le désespoir dans l'âme à cause de Métilde, et songeant beaucoup à me brûler la cervelle. D'abord tout m'ennuya à Paris ; plus tard, j'écrivis pour me distraire ; Métilde mourut, donc inutile de retourner à Milan. J'étais devenu parfaitement heureux ; c'est trop dire, mais enfin fort passablement heureux, en 1830, quand j'écrivais *le Rouge et le Noir*.

Je fus ravi par les journées de juillet, je vis les balles sous les colonnes du Théâtre-Français, fort peu de danger de ma part ; je n'oublierai jamais ce beau soleil, et la première vue du drapeau tricolore, le 29 ou le 30[2], vers huit heures, après avoir couché chez le commandeur Pinto dont la nièce avait peur. Le 25 septembre, je fus nommé consul à Trieste par

---

1. L'auteur était en 1819 à Grenoble, lors de l'élection de l'abbé Grégoire à la Chambre des Députés. *Note de Colomb.*
2. C'est le 28. *Note de Colomb.*

M. Molé, que je n'avais jamais vu. De Trieste, je suis venu en 1831 à Civita-Vecchia et Rome, où je suis encore et où je m'ennuie, faute de pouvoir faire échange d'idées. J'ai besoin de temps en temps de converser le soir avec des gens d'esprit faute de quoi je me sens comme asphyxié.

Ainsi voici les grandes divisions de mon conte : né en 1783, dragon en 1800, étudiant de 1803 à 1806[1]. En 1806, adjoint aux commissaires des Guerres, intendant à Brunswick. En 1809, relevant les blessés à Essling, ou à Wagram, remplissant des missions le long du Danube, sur ses rives couvertes de neige, à Linz et Passau, amoureux de madame la comtesse Petit, pour la revoir demandant à aller en Espagne. Le 3 août 1810 nommé par elle, à peu près, auditeur au Conseil d'Etat. Cette vie de haute faveur et de dépenses me conduit à Moscou, me fait intendant à Sagan en Silésie, et enfin tomber en avril 1815[2]. Qui le croirait ! quant à moi personnellement, la chute me fit plaisir.

Après la chute, étudiant, écrivain, fou d'amour, faisant imprimer[3] l'*Histoire de la Peinture en Italie en 1817* ; mon père, devenu ultra, se ruine et meurt en 1819,

---

1. Négociant à Marseille, 1805. *Note de Colomb.*
2. En avril 1814. *Note de Colomb.*
3. Les lettres sur Mozart, Haydn, etc. *Note de Colomb.*

je crois ; je reviens à Paris en juin 1821. Je suis au désespoir à cause de Métilde, elle meurt, je l'aimais mieux morte qu'infidèle, j'écris, je me console, je suis heureux. En 1830, au mois de septembre, je rentre dans la carrière administrative où je suis encore, regrettant la vie d'écrivain au troisième étage de l'hôtel de Valois, rue de Richelieu, n° 71.

J'ai été homme d'esprit depuis l'hiver 1826, auparavant je me taisais par paresse. Je passe, je crois, pour l'homme le plus gai et le plus insensible, il est vrai que je n'ai

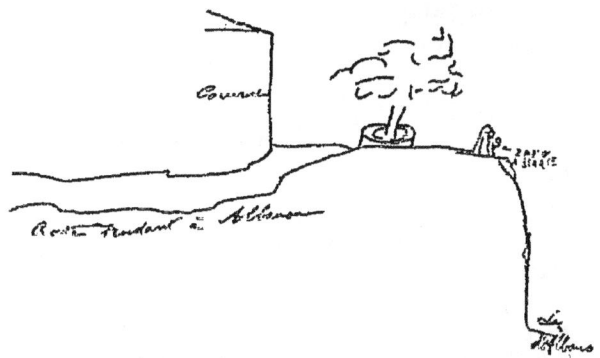

jamais dit un seul mot des femmes que j'aimais. J'ai éprouvé absolument à cet égard tous les symptômes du tempérament mélancolique décrit par Cabanis. J'ai eu très peu de succès.

Mais, l'autre jour, rêvant à la vie dans le chemin solitaire au-dessus du lac d'Albano, je trouvai que ma vie pouvait se résumer par les noms que voici, et dont j'écrivais les initiales sur la poussière, comme Zadig, avec ma canne, assis sur le petit banc derrière les stations du Calvaire des *Minori Menzati* bâti par le frère d'Urbain VIII, Barberini, auprès de ces deux beaux arbres enfermés par un petit mur rond :

Virginie (Cubly),
Angela (Pietragrua),
Adèle (Rebuffel),
Mélanie (Guilbert),
Mina (de Griesheim),
Alexandrine (Petit),
Angeline, que je n'ai jamais aimée (Bereyter),
Angela (Pietragrua),
Métilde (Dembowski),
Clémentine,
Giula.

Et enfin, pendant un mois au plus, Mme Azur dont j'ai oublié le nom de baptême,

et, imprudemment, hier, Amalia (B.).

La plupart de ces êtres charmants ne m'ont point honoré de leurs bontés ; mais elles ont à la lettre occupé toute ma vie. A elles ont succédé mes ouvrages. Réellement je n'ai jamais été ambitieux, mais en 1811 je me croyais ambitieux.

L'état habituel de ma vie a été celui d'amant malheureux, aimant la musique et la peinture, c'est-à-dire jouir des produits de ces arts et non les pratiquer gauchement. J'ai recherché avec une sensibilité exquise la vue des beaux paysages ; c'est pour cela uniquement que j'ai voyagé. Les paysages étaient comme un *archet* qui jouait sur mon âme, et des aspects que personne ne citait, (la ligne de rochers en approchant d'Arbois, je crois, et venant de Dôle par la grande route, fut pour moi une image sensible et évidente de l'âme de Métilde).

Je vois que la rêverie a été ce que j'ai préféré à tout, même à passer pour homme d'esprit. Je ne me suis donné cette peine, je n'ai pris cet état d'improviser en dialogue, au profit de la société où je me trouvais, qu'en 1826, à cause du désespoir où je passai les premiers mois de cette année fatale.

Dernièrement j'ai appris en le lisant dans un livre (les lettres de Victor Jacquemont, l'Indien) que quelqu'un avait pu me trouver brillant. Il y a quelques années, j'avais vu la même chose à peu près dans un livre, alors à la mode, de lady

Morgan. J'avais oublié cette belle qualité qui m'a fait tant d'ennemis. Ce n'était peut-être que l'apparence de la qualité, et les ennemis sont des êtres trop communs pour juger du brillant, par exemple, comment un comte d'Argout peut-il juger du *brillant* ? Un homme dont le bonheur est de lire deux ou trois volumes de romans in-12, pour femme de chambre, par jour ! Comment M. de Lamartine jugerait-il de l'esprit ? D'abord il n'en a pas et, en second lieu, il dévore aussi deux volumes par jour des plus plats ouvrages (Vu à Florence en 1824 ou 1826).

Le grand *drawback* (inconvénient) d'avoir de l'esprit, c'est qu'il faut avoir l'œil fixé sur les demi-sots qui vous entourent, *et se pénétrer de leur plates sensations*. J'ai le défaut de m'attacher au moins impuissant d'imagination et de devenir inintelligible pour les autres qui peut-être n'en sont que plus contents.

Depuis que je suis à Rome, je n'ai pas d'esprit une fois la semaine et encore pendant cinq minutes, j'aime mieux rêver. Ces gens-ci ne comprennent pas assez les finesses de la langue française pour sentir les finesses de mes observations ; il leur faut du gros esprit de commis-voyageur, comme Mélodrame qui les enchante (exemple : Michel-Ange Caetani) et est leur véritable pain quotidien. La vue d'un pareil succès me glace, je ne daigne plus parler aux gens qui ont applaudi Mélodrame. Je vois tout le néant de la vanité.

Il y a deux mois donc, en septembre 1835, rêvant à écrire ces mémoires, sur la rive du lac d'Albano (à deux cents pieds du niveau du lac), j'écrivais sur la poussière comme Zadig ces initiales :

V. A^a. A^d. M. M^i. A^l. A^{inc}. A^{pg}. M^{de}. C. G. A^z.
 1   2   3 2   4 5 6

(Mme Azur dont j'ai oublié le nom de baptême.)

Je rêvais profondément à ces noms, et aux étonnantes bêtises et sottises qu'ils m'ont fait faire (je dis étonnantes pour moi, non pour le lecteur, et d'ailleurs je ne m'en repens pas).

Dans le fait je n'ai eu que six de ces femmes que j'ai aimées. La plus grande passion est à débattre entre Mélanie 2, Alexandrine, Métilde et Clémentine 4.

Clémentine est celle qui m'a causé la plus grande douleur en me quittant. Mais cette douleur est-elle comparable à celle occasionnée par Métilde, qui ne voulait pas me dire qu'elle m'aimait ?

Avec toutes celles-là et avec plusieurs autres, j'ai toujours été un enfant; aussi ai-je eu très peu de succès. Mais, en revanche, elles m'ont occupé beaucoup et passionnément et laissé des souvenirs qui me charment, (quelques-uns après vingt-quatre ans, comme le souvenir de la Madone del Monte à Varèse, en 1811). Je n'ai point été galant, pas assez, je n'étais occupé que de la femme que j'aimais, et quand je n'aimais pas, je rêvais au spectacle des choses humaines, ou je lisais avec délices Montesquieu ou Walter Scott.

Par ainsi, comme disent les enfants, je suis si loin d'être blasé sur leurs ruses et petites grâces qu'à mon âge, cinquante-deux ans, et, en écrivant ceci, je suis encore tout charmé d'une longue *chiacchierata* qu'Amalia a eue hier soir avec moi au Théâtre Valle.

Pour les considérer le plus philosophiquement possible et tâcher ainsi de les dépouiller de l'auréole qui me fait *aller les yeux*, qui m'éblouit et m'ôte la faculté de voir distinctement, j'*ordonnerai* ces dames (langage mathématique) selon leurs diverses qualités. Je dirai donc, pour commencer par leur passion habituelle : la vanité, que deux d'entre elles étaient Comtesses, et une Baronne.

La plus riche fut Alexandrine Petit, son mari et elle surtout dépensaient bien 80.000 francs par an. La plus pauvre fut Mina de Griesheim, fille cadette d'un général sans nulle fortune et favori d'un prince tombé, dont les appointements faisaient vivre la famille, ou Mlle Bereyter, actrice de l'Opera-Buffa.

Je cherche à détruire le charme, le *dazzling* des événements, en les considérant ainsi militairement. C'est ma seule ressource pour arriver au vrai dans un sujet sur lequel je ne puis converser avec personne. Par pudeur de tempérament mélancolique (Cabanis), j'ai toujours été à cet égard d'une discrétion incroyable, folle. Quant à l'esprit, Clémentine l'a emporté sur toutes les autres. Métilde l'a emporté par les sentiments nobles, espagnols ; Giulia, ce me semble, par la force du caractère, tandis que, au premier moment, elle semblait la plus faible ; Angela P. a été catin sublime à l'italienne, à la Lucrèce Borgia, et Mme Azur, catin non sublime, à la Du Barry.

L'argent ne m'a jamais fait la guerre que deux fois, à la fin de 1805, et en 1806 jusqu'en août, que mon père ne m'envoyait plus d'argent, *et sans m'en prévenir*, là était le mal. Il fut une fois cinq mois sans payer ma pension de 150 francs. Alors nos grandes misères avec le vicomte[1], lui recevait exactement sa pension, mais la jouait

---

1. Le vicomte de Barral. N. D. L. E.

régulièrement toute, le jour qu'il la recevait.

En 1829 et 1830, j'ai été embarrassé plutôt par manque de soin et insouciance que par absence véritable de moyen, puisque, de 1821 à 1830 j'ai fait trois ou quatre voyages en Italie, en Angleterre, à Barcelone, et qu'à la fin de cette période, je ne devais que 400 francs.

Mon plus grand manque d'argent m'a conduit à la démarche désagréable d'emprunter 100 francs ou quelquefois 200 à M. Beau. Je rendais après un mois ou deux ; et enfin, en septembre 1830, je devais 400 francs à mon tailleur Michel. Ceux qui connaissent la vie des jeunes gens de mon époque trouveront cela bien modéré. De 1800 à 1830, je n'avais jamais dû un sou à mon tailleur Léger, ni à son successeur Michel (22, rue Vivienne).

Mes amis d'alors, 1830, MM. de Mareste, Colomb étaient des amis d'une singulière espèce, ils auraient fait sans doute des démarches actives pour me tirer d'un grand danger, mais lorsque je sortais avec un habit neuf ils auraient donné vingt francs, le premier surtout, pour qu'on me jetât un verre d'eau sale. (Excepté le vicomte de Barral et Bigillion (de Saint-Ismier), je n'ai guère eu, en toute ma vie, que des amis de cette espèce.)

C'étaient de braves gens fort prudents qui avaient réuni 12 ou 15.000 francs d'appointement ou de rente par un travail ou une adresse assidus, et qui ne pouvaient souffrir de me voir allègre, insouciant, heureux avec un cahier de papier blanc et une plume, et vivant avec non plus de 4 ou 5.000 francs. Ils m'auraient aimé cent fois mieux s'ils m'eussent vu attristé et malheureux de n'avoir que la moitié ou le tiers de leur revenu, moi qui jadis les avait peut-être un peu choqués quand j'avais un cocher, deux chevaux, une calèche et un cabriolet, car jusqu'à cette hauteur s'était élevé mon luxe, du temps de l'Empereur. Alors j'étais ou me croyais ambitieux ; ce qui me gênait dans cette supposition, c'est que je ne savais quoi désirer. J'avais honte d'être amoureux de la comtesse Al. Petit, j'avais comme maîtresse entretenue Mlle A. Bereyter actrice de l'Opera-Buffa, je déjeunais au café Hardy, j'étais d'une activité incroyable. Je revenais de Saint-Cloud à Paris exprès pour assister à un acte du *Matrimonio segreto* à l'Odéon (Mme Barilli, Barilli, Tachinardi, Mme Festa, Mlle Bereyter). Mon cabriolet attendait à à la porte du café Hardy, voilà ce que mon beau-frère ne m'a jamais pardonné.

Tout cela pouvait passer pour de la fatuité et pourtant n'en était pas. Je cherchais à jouir et à agir, mais je ne cherchais nullement à faire paraître plus de jouissances ou d'action qu'il n'y en avait réellement. M. Prunelle, médecin, homme d'esprit, dont la raison me plaisait fort, horriblement laid et depuis célèbre comme député vendu et maire de Lyon vers 1833, qui était de ma connaissance en ce temps-là, dit de moi : *C'est un fier fat.* Ce jugement retentit parmi mes connaissances. Peut-être au reste avait-il raison.

Mon excellent et vrai bourgeois de beau-frère, M. Périer-Lagrange (ancien négociant qui se ruinait sans le savoir en faisant de l'agriculture près de la Tour-du-Pin), déjeunant avec moi au café Hardy et me voyant commander ferme aux garçons, car avec tous mes devoirs à remplir j'étais souvent pressé, fut ravi parce que ces garçons firent entre eux quelque plaisanterie qui impliquait que j'étais un fat, ce qui ne me fâcha nullement. J'ai toujours et comme par instinct (si bien vérifié depuis par les Chambres), profondément méprisé les bourgeois.

Toutefois j'entrevoyais aussi que parmi les bourgeois seulement se trouvaient les hommes énergiques tel que mon cousin Rebuffel (négociant rue St-Denis), le père Ducros, bibliothécaire de la ville de Grenoble, l'incomparable Gros (de la rue

St-Laurent), géomètre de la haute volée et mon maître, à l'insu de mes parents mâles, car il était jacobin et toute ma famille bigotement ultra. Ces trois hommes ont possédé toute mon estime et tout mon cœur, autant que le respect et la différence d'âge pouvaient admettre ces communications qui font qu'on aime. Même, je fus avec eux comme je fus plus tard avec les êtres que j'ai trop aimés, muet, immobile, stupide, peu aimable et quelquefois offensant à force de dévouement et d'absence du *moi*. Mon amour-propre, mon intérêt, mon moi avaient disparu en présence de la personne aimée, j'étais transformé en elle. Qu'était-ce quand cette personne était une coquine comme Mme Pietragrua ? Mais j'anticipe toujours. Aurai-je le courage d'écrire ces confessions d'une façon intelligible ? Il faut narrer, et j'écris des *considérations* sur des événements bien petits mais qui, précisément à cause de leur taille microscopique, ont besoin d'être contés très distinctement. Quelle patience il vous faudra, ô mon lecteur !

Donc suivant moi l'*énergie* ne se trouvait même à mes yeux (en 1811), que dans la classe qui est en lutte avec les vrais besoins.

Mes amis nobles, MM. Raymond de Bérenger (tué à Lutzen), de St-Ferréol, de Sinard (dévot mort jeune), Gabriel du Bouchage (sorte de filou ou d'emprunteur peu délicat, aujourd'hui pair de France et ultra par l'âme), MM. de Monval, m'avaient paru comme ayant toujours quelque chose de singulier, un respect effroyable pour les *convenances* (par exemple, Sinard). Ils cherchaient toujours à être de *bon ton* ou *comme il faut*, ainsi qu'on disait à Grenoble en 1793. Mais cette idée-là, j'étais loin de la voir clairement. Il n'y a pas un an que mon idée sur la *noblesse* est enfin arrivée à être complète. Par instinct, ma vie morale s'est passée à considérer attentivement cinq ou six idées principales, et à tâcher de voir la vérité sur elles.

Raymond de Bérenger était excellent et un véritable exemple de la maxime : *noblesse oblige*, tandis que Monval (mort colonel et généralement méprisé vers 1829, à Grenoble) était l'idéal d'un député du centre. Tout cela se voyait déjà fort bien quand ces Messieurs avaient quinze ans, vers 1798.

Je ne vois la vérité nettement sur la plupart de ces choses qu'en les écrivant en 1835, tant elles ont été enveloppées jusqu'ici de l'auréole de la jeunesse, provenant de l'extrême vivacité des sensations.

A force d'employer des méthodes philosophiques, par exemple à force de classer mes amis de jeunesse par *genres*, comme M. Adrien de Jussieu fait pour ses plantes (en botanique), je cherche à atteindre cette vérité qui me fuit. Je m'aperçois que ce que je prenais pour de hautes montagnes, en 1800, n'étaient la plupart que des *taupinières* ; mais c'est une découverte que je n'ai faite que bien tard.

Je vois que j'étais comme un cheval ombrageux, et c'est à un mot que me dit M. de Tracy (l'illustre comte Destutt de Tracy, pair de France, membre de l'Académie française et bien mieux auteur de la loi du 3 prairial sur les Ecoles Centrales), c'est à un mot que me dit M. de Tracy que je dois cette découverte.

Il me faut un exemple. Pour un rien, par exemple une porte à demi-ouverte la nuit je me figurais deux hommes armés, m'attendant pour m'empêcher d'arriver à une fenêtre donnant sur une galerie où je voyais ma maîtresse. C'était une illusion, qu'un homme sage comme Abraham Constantin, mon ami, n'aurait point eue. Mais au bout de peu de secondes (quatre ou cinq tout au plus) le sacrifice de ma vie était fait et parfait, et je me précipitais comme un héros au-devant des deux ennemis, qui se changeaient en une porte à demi-fermée.

Il n'y a pas deux mois qu'une chose de ce genre, au moral toutefois, m'est encore arrivée. Le sacrifice était fait et tout le courage nécessaire était présent, quand après vingt heures je me suis aperçu, en relisant une lettre mal lue (de M. Hérard), que c'était une illusion. Je lis toujours fort vite ce qui me fait de la peine.

Donc, en classant ma vie comme une collection de plantes, je trouvai :

Enfance et première éducation, de 1786 à 1800.......................	15 ans
Service militaire de 1800 à 1803	3.—
Seconde éducation, amours ridicules avec Mlle Adèle Clauzel et avec sa mère, qui se donna l'amoureux de sa fille. Vie rue d'Angiviller. Enfin beau séjour à Marseille avec Mélanie, de 1803 à 1805......	2.—
Retour à Paris, fin de l'éducation	1.—
Service sous Napoléon, de 1806 à la fin de 1814 (d'octobre 1806 à l'abdication en 1814).............	7. ½
Mon adhésion, dans le même numéro du *Moniteur* où se trouva l'abdication de Napoléon. Voyages grandes et terribles amours, consolations en écrivant des livres, de 1814 à 1830...........................	15. ½

Second service, allant du 15 septembre 1830 au présent quart d'heure...................... 5 ans

J'ai débuté dans le monde par le salon de Mme de Vaulserre, dévote à la figure singulière, sans menton, fille de M. le baron des Adrets et amie de ma mère. C'était probablement vers 1794. J'avais un tempérament de feu et la timidité décrite par Cabanis. Je fus excessivement touché de la beauté du bras de Mlle Bonne de Saint-Vallier, je pense, je vois la figure et les beaux bras, mais le nom est incertain, peut-être était-ce Mlle de Lavalette. M. de Saint-Ferréol, dont depuis je n'ai jamais ouï parler, était mon ennemi et mon rival, M. de Sinard, ami commun, nous calmait. Tout cela se passait dans un magnifique rez-de-chaussée donnant sur le jardin de l'hôtel des Adrets, maintenant détruit et changé en maison bourgeoise, rue Neuve, à Grenoble. A la même époque commença mon admiration passionnée pour le père Ducros (moine cordelier sécularisé, homme du premier mérite, du moins il me semble). J'avais pour ami intime mon grand-père, M. Henri Gagnon, docteur en médecine.

Après tant de considérations générales, je vais naître.

CHAPITRE 3

Mon premier souvenir est d'avoir mordu à la joue ou au front madame Pison du Galland, ma cousine, femme de l'homme d'esprit député à l'assemblée constituante. Je la vois encore, une femme de vingt-cinq ans qui avait de l'embonpoint et beaucoup de rouge. Ce fut apparemment ce rouge qui me piqua. Assise au milieu du pré qu'on appelait le glacis de la porte de Bonne, sa joue se trouvait précisément à ma hauteur.

« Embrasse-moi, Henri, » me disait-elle. Je ne voulus pas, elle se fâcha, je mordis ferme. Je vois la scène, mais sans doute parce que sur-le-champ on m'en fit un crime et que sans cesse on m'en parlait.

Ce glacis de la porte de Bonne était couvert de marguerites. C'est une jolie petite fleur dont je faisais un bouquet. Ce pré de 1786 se trouve sans doute aujourd'hui au milieu de la ville, au sud de l'église du collège.

Ma tante Séraphie déclara que j'étais un monstre et que j'avais un caractère atroce. Cette tante Séraphie avait toute l'aigreur d'une fille dévote qui n'a pas pu se marier. Que lui était-il arrivé ? Je ne l'ai jamais su, nous ne savons jamais la chronique scandaleuse de nos parents, et j'ai quitté la ville pour toujours à seize ans, après trois ans de la passion la plus vive, qui m'avait relégué dans une solitude complète.

Le second trait de caractère fut bien autrement noir.

J'avais fait une collection de joncs, toujours sur le glacis de la porte de Bonne (Bonne de Lesdiguières). Demander le nom botanique du jonc, herbe de forme cylindrique comme une plume de poulet et d'un pied de long.

On m'avait ramené à la maison, dont une fenêtre au premier étage donnait sur la Grande-rue, à l'angle de la place Grenette. Je faisais un jardin en coupant ces joncs en morceaux de deux pouces de long que je plaçais dans l'intervalle entre le balcon et le *jet d'eau* de la croisée. Le couteau de cuisine dont je me servais m'échappa et tomba dans la rue, c'est-à-dire d'une douzaine de pieds, près d'une madame Chenavaz. C'était la plus méchante femme de toute la ville, (mère de Candide Chenavaz qui, dans sa jeunesse, adorait la *Clarisse Harlowe* de Richardson, depuis l'un des trois cents de M. de Villèle et récompensé par la place de premier président de la cour royale de Grenoble ; mort à Lyon non reçu).

Ma tante Séraphie dit que j'avais voulu tuer madame Chenavaz ; je fus déclaré pourvu d'un caractère atroce, grondé par mon excellent grand-père, M. Gagnon, qui avait peur de sa fille Séraphie, la dévote la plus en crédit dans la ville, grondé même par ce caractère élevé et espagnol, mon excellente grande tante, Mlle Elisabeth Gagnon.

Je me révoltai, je pouvais avoir quatre ans[1]. De cette époque date mon horreur pour la religion, horreur que ma raison a pu à grand'peine réduire à de justes dimensions, et cela tout nouvellement, il n'y a pas six ans. Presque en même temps prit sa première naissance mon amour filial instinctif, forcené dans ces temps-là, pour la révolte.

Je n'avais pas plus de cinq ans.

Cette tante Séraphie a été mon mauvais génie pendant toute mon enfance ; elle était abhorrée, mais avait beaucoup de

---

1. Monsieur Gagnon achète la maison voisine de madame de Marnais, on change d'appartement, j'écris partout sur le plâtre des happes : « Henry Beyle, 1789. » Je vois encore cette belle inscription qui émerveillait mon grand-père.

Donc mon attentat à la vie de Madame Chenavaz est antérieur à 1789.

crédit dans la famille. Je suppose que dans la suite mon père fut amoureux d'elle, du moins il y avait de longues promenades aux *Granges*, dans un marais sous les murs de la ville, où j'étais le seul *tiers incommode*, et où je m'ennuyais fort. Je me cachais au moment de partir pour ces promenades. Là fit naufrage la très petite amitié que j'avais pour mon père.

Dans le fait, j'ai été exclusivement élevé par mon excellent grand-père, M. Henri Gagnon. Cet homme rare avait fait un pèlerinage à Ferney pour voir Voltaire et en avait été reçu avec distinction. Il avait un petit buste de Voltaire, gros comme le poing, monté sur un pied de bois d'ébène de six pouces de haut. (C'était un singulier goût, mais les beaux-arts n'étaient le fort ni de Voltaire ni de mon excellent grand-père.)

Ce buste était placé devant le bureau où il écrivait ; son cabinet était au fond d'un très vaste appartement donnant sur une terrasse élégante ornée de fleurs. C'était pour moi une rare faveur d'y être admis, et une plus rare de voir et de toucher le buste de Voltaire.

Et avec tout cela, du plus loin que je me souvienne, les écrits de Voltaire m'ont toujours souverainement déplu, ils me semblaient un enfantillage. Je puis dire que rien de ce grand homme ne m'a jamais plu. Je ne pouvais voir alors qu'il était le législateur et l'apôtre de la France, son Martin Luther.

M. Henri Gagnon portait une perruque poudrée, ronde, à trois rangs de boucles, parce qu'il était docteur en médecine, et docteur à la mode parmi les dames, accusé même d'avoir été l'amant de plusieurs, entre autres d'une Madame Teisseire, l'une des plus jolies de la ville, que je ne me souviens pas d'avoir jamais vue, car alors on était brouillé, mais qui me l'a fait comprendre plus tard d'une singulière façon. Mon excellent grand-père, à cause de sa perruque, m'a toujours semblé avoir quatre-vingts ans. Il avait des vapeurs (comme moi misérable), des rhumatismes, marchait avec peine, mais par principe ne montait jamais en voiture et ne mettait jamais son chapeau : un petit chapeau triangulaire à mettre sous le bras et qui faisait ma joie quand je pouvais l'accrocher pour le mettre sur ma tête, ce qui était considéré par toute la famille comme un manque de respect, et enfin, par respect, je cessai de m'occuper du chapeau triangulaire et de sa petite canne à pomme en racine de buis bordée d'écaille.

Mon grand-père adorait la correspondance apocryphe d'Hippocrate, qu'il lisait en latin (quoiqu'il sut un peu de grec), et l'Horace de l'édition de Johannès Bond, imprimée en caractères horriblement menus. Il me communiqua ses deux passions et en réalité presque tous ses goûts, mais pas comme il l'aurait voulu, ainsi que je l'expliquerai plus tard.

Si jamais je retourne à Grenoble, il faut que je fasse rechercher les extraits de naissance et de décès de cet excellent homme, qui m'adorait et n'aimait point son fils, M. Romain Gagnon, père de M. Oronce Gagnon, chef d'escadron de Dragons qui a tué son homme en duel il y a trois ans, ce dont je lui sais gré, probablement il n'est pas un niais. Il y a trente-trois ans que je ne l'ai vu, il peut en avoir trente-cinq.

J'ai perdu mon grand-père pendant que j'étais en Allemagne, est-ce en 1807 ou en 1813, je n'ai pas de souvenir net. Je me souviens que je fis un voyage à Grenoble pour le revoir encore ; je le trouvai fort attristé ; cet homme si aimable, qui était le centre des *veillées* où il allait, ne parlait presque plus. Il me dit : « *C'est une visite d'adieu* », et puis parla d'autres choses, il avait en horreur l'attendrissement de famille niais.

Un souvenir me revient, vers 1807 je me fis peindre, pour engager Mme Alex.

Petit à se faire peindre aussi, et comme le nombre des séances était une objection, je la conduisis chez un peintre vis-à-vis la Fontaine du Diorama qui peignait à l'huile, en une séance, pour 120 francs. Mon bon grand-père vit ce portrait, que j'avais envoyé à ma sœur, je crois, pour m'en défaire, il avait déjà perdu beaucoup de ses idées : il dit en voyant ce portrait : « *Celui-là est le véritable* », et puis retomba dans l'affaissement et la tristesse. Il mourut bientôt après, ce me semble, à l'âge de 82 ans, je crois.

Si cette date est exacte, il devait avoir 61 ans en 1789 et être né vers 1728. Il racontait quelquefois la bataille de l'*Assiette*, assaut dans les Alpes, tenté en vain par le chevalier de Belle-Isle en 1742, je crois. Son père, homme ferme, plein d'énergie et d'honneur, l'avait envoyé là comme chirurgien d'armée, pour lui former le caractère. Mon grand-père commençait ses études en médecine et pouvait avoir dix-huit ou vingt ans, ce qui indique encore 1724 comme époque de sa naissance.

Il possédait une vieille maison située dans la plus belle position de la ville, sur la place Grenette, au coin de la Grande-rue, en plein midi et ayant devant elle la plus belle place de la ville, les deux cafés rivaux et le centre de la bonne compagnie.

Là, dans un premier étage fort bas, mais d'une gaîté admirable, habita mon grand-père jusqu'en 1789.

Il faut qu'il fût riche alors, car il acheta une superbe maison située derrière la sienne et qui appartenait aux dames de Marnais. Il occupa le second étage de sa maison, place Grenette, et tout l'étage correspondant de la maison de Marnais, et se fit le plus beau logement de la ville. Il y avait un escalier magnifique pour le temps et un salon qui pouvait avoir trente-cinq pieds sur vingt-huit.

On fit des réparations aux deux chambres de cet appartement qui donnaient sur la place Grenette, et entre autres une *gippe* (cloison formée par du plâtre et des briques placées de champ l'une sur l'autre) pour séparer la chambre de la terrible tante Séraphie, fille de M. Gagnon, de celle de ma grand'tante Elisabeth, sa sœur. On posa des *happes* en fer dans cette gippe et sur le plâtre de chacune de ces happes j'écrivis : Henri Beyle, 1789. Je vois encore ces belles inscriptions qui émerveillaient mon grand-père.

— Puisque tu écris si bien, me dit-il, tu es digne de commencer le latin.

Ce mot m'inspirait une sorte de terreur, et un pédant affreux pour la forme, M. Joubert, grand, pâle, maigre, en couteau, s'appuyant sur une *épine*, vint me montrer, m'enseigner *mura*, la mûre. Nous allâmes acheter un rudiment chez M. Giroud, libraire, au fond d'une cour donnant sur la place aux Herbes. Je ne soupçonnais guère alors quel instrument de dommage on m'achetait là.

Ici commencent mes malheurs.

Mais je diffère depuis longtemps un récit nécessaire, un des deux ou trois peut-être qui me feront jeter ces mémoires au feu.

Ma mère, madame Henriette Gagnon, était une femme charmante et j'étais amoureux de ma mère.

Je me hâte d'ajouter que je la perdis quand j'avais sept ans.

En l'aimant à six ans peut-être (1789), j'avais absolument le même caractère, qu'en 1828, en aimant à la fureur Alberthe de Rubempré. Ma manière d'aller à la chasse du bonheur n'avait au fond nullement changé, il n'y a que cette seule exception : j'étais, pour ce qui constitue le physique de l'amour, comme César serait s'il revenait au monde pour l'usage du canon et des petites armes. Je l'eusse bien vite appris et cela n'eût rien changé au fond de ma tactique.

Je voulais couvrir ma mère de baisers et qu'il n'y ait pas de vêtements. Elle m'aimait à la passion et m'embrassait souvent, je lui rendais ses baisers avec un tel feu qu'elle était souvent obligée de s'en aller. J'abhorrais mon père quand il venait interrompre nos baisers. Je voulais toujours les lui donner à la gorge. Qu'on daigne se rappeler que je la perdis, par une couche, quand à peine j'avais sept ans.

Elle avait de l'embonpoint, une fraîcheur parfaite, elle était fort jolie, et je crois que seulement elle n'était pas assez grande. Elle avait une noblesse et une sérénité parfaite dans les traits ; brune, vive, aimant mieux avoir une cour auprès d'elle que de commander à ses trois servantes et enfin lisait couramment dans l'original la *Divine Comédie* de Dante, dont j'ai trouvé bien plus tard cinq à six livres d'éditions différentes dans son appartement resté fermé depuis sa mort.

Elle périt à la fleur de la jeunesse et de la beauté, en 1790, elle pouvait avoir vingt-huit ou trente ans.

Là commence ma vie morale.

Ma tante Séraphie osa me reprocher de ne pas pleurer assez. Qu'on juge de ma douleur et de ce que je sentis ! Mais il me semblait que je la reverrais le lendemain : je ne comprenais pas la mort.

Ainsi, il y a quarante-cinq ans que j'ai perdu ce que j'aimais le plus au monde.

Elle ne peut pas s'offenser de la liberté que je prends avec elle en révélant que je l'aimais ; si je la retrouve jamais, je le lui dirais encore. D'ailleurs elle n'a participé en rien à cet amour. Elle n'en agit pas à la Vénitienne comme Madame Benzoni avec l'auteur de *Nella*. Quant à moi j'étais aussi criminel que possible, j'aimais ses charmes avec fureur.

Un soir, comme par quelque hasard on m'avait mis coucher dans sa chambre par terre, sur un matelas, cette femme vive et légère comme une biche sauta par-dessus mon matelas pour atteindre plus vite à son lit.

Sa chambre est restée fermée dix ans après sa mort.

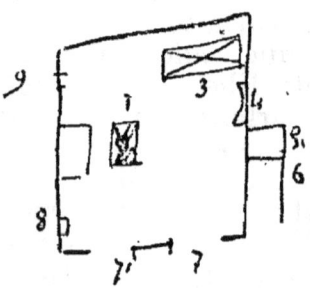

1. Mon matelas. — 2. Moi. 3. Lit d'Henriette. — 4. Cheminée. — 5. Cabinet noir des robes. — 6. Cabinet de toilette. — 7. Grande fenêtre sur la rue des Vieux-Jésuites. — 7'. Fenêtre étroite rue des Vieux-Jésuites. — 8. Porte du salon. — 9. Porte de dégagement.

Mon père me permit avec difficulté d'y placer un tableau de toile cirée et d'y étudier les mathématiques en 1798. Mais aucun domestique n'y entrait, il eût été sévèrement grondé, moi seul j'en avais la clé. Ce sentiment de mon père lui fait beaucoup d'honneur à mes yeux, maintenant que j'y réfléchis.

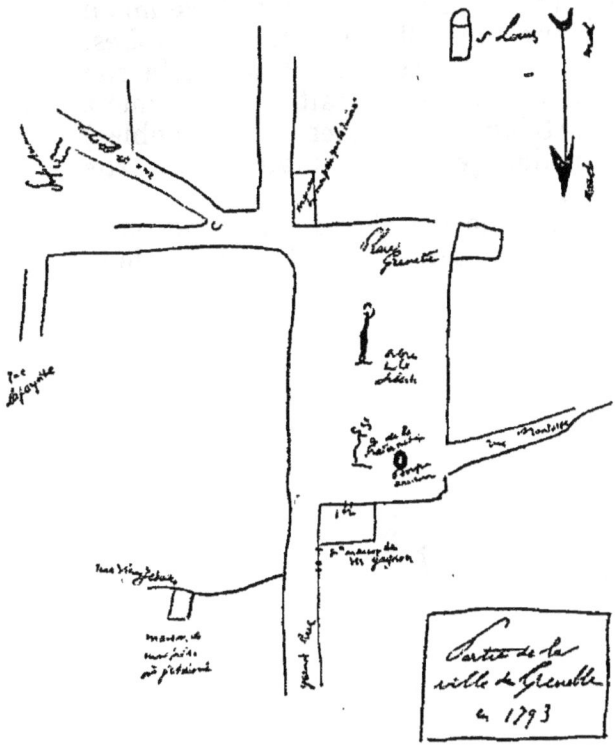

Elle mourut donc dans sa chambre, rue des Vieux-Jésuites, la cinquième ou sixième maison à gauche en venant de la Grande-rue, vis-à-vis la maison de M. Tesseire.

Là j'étais né, cette maison appartenait à mon père qui la vendit lorsqu'il se mit à bâtir sa rue nouvelle et à faire des folies. Cette rue, qui l'a ruiné, fut nommée rue *Dauphin* (mon père était extrêmement ultra, partisan des prêtres et des nobles) et s'appelle, je crois, maintenant *rue Lafayette*.

Je passais ma vie chez mon grand-père, dont la maison était à peine à cent pas de la nôtre.

CHAPITRE 4

J'ÉCRIRAIS un volume sur les circonstances de la mort d'une personne si chère[1].

C'est-à-dire : j'ignore absolument les détails, elle était morte en couches apparemment par la maladresse d'un chirurgien nommé *Hérault*, sot choisi apparemment par pique contre un autre accoucheur homme d'esprit et de talent, c'est ainsi à peu près que mourut Mme Petit en 1814. Je ne puis décrire au long que mes sentiments, qui probablement sembleraient exagérés ou incroyables au spectateur accoutumé à la nature fausse des romans (je ne parle pas de Fielding) ou à la nature étiolée des romans construits avec des cœurs de Paris.

J'apprends au lecteur que le Dauphiné a une manière de sentir à soi, vive, opiniâtre, raisonneuse, que je n'ai rencontrée en aucun pays. Pour des yeux clairvoyants,

---

1. Je remplirais des volumes si j'entreprenais de décrire tous les souvenirs enchanteurs des choses que j'ai vues ou avec ma mère, ou de son temps.

à tous les trois degrés de latitude, la musique, les paysages et les romans devraient changer. Par exemple, à Valence sur le Rhône la nature provençale finit, la nature bourguignonne commence à Valence et fait place, entre Dijon et Troyes, à la nature parisienne, polie, spirituelle, sans profondeur, en un mot songeant beaucoup aux autres.

La nature dauphinoise a une ténacité, une profondeur, un esprit, une finesse que l'on chercherait en vain dans la civilisation provençale ou dans la bourguignonne, ses voisines. Là où le Provençal s'exhale en injures atroces, le Dauphinois réfléchit et s'entretient avec son cœur.

Tout le monde sait que le Dauphiné a été un état séparé de la France et à demi italien par sa politique jusqu'à l'an 1349. Ensuite Louis XI, dauphin, brouillé avec son père, administra le pays pendant seize ans, et je croirais assez que c'est ce génie profond et profondément timide et ennemi des premiers mouvements qui a donné son empreinte au caractère dauphinois. De mon temps encore, dans la croyance de mon grand-père et de ma tante Elisabeth, véritables types des sentiments énergiques et généreux de la famille, Paris n'était point un modèle, c'était une ville éloignée et ennemie dont il fallait redouter l'influence.

Maintenant que j'ai fait la cour aux lecteurs peu sensibles par cette digression, je raconterai que la veille de la mort de ma mère on nous mena promener ma sœur Pauline et moi rue Montorge, nous revînmes le long des maisons à gauche de cette rue (au Nord). On nous avait établis chez mon grand-père, dans la maison sur la place Grenette. Je couchais sur le plancher, sur un matelas, entre la fenêtre et la cheminée, lorsque sur les deux heures du matin toute la famille rentra en poussant des sanglots.

« Mais comment les médecins n'ont pas trouvé de remèdes ? » disais-je à la vieille Marion (vraie servante de Molière, amie de ses maîtres mais leur disant bien son mot, qui avait vu ma mère fort jeune, qui l'avait vu marier dix ans auparavant, en 1780) et qui m'aimait beaucoup. Marie Thomasset, de Vinay, vrai type de caractère dauphinois, appelée du diminutif *Marion*, passa la nuit assise à côté de mon matelas, pleurant à chaudes larmes et chargée apparemment de me contenir. J'étais beaucoup plus étonné que désespéré, je ne comprenais pas la mort, j'y croyais peu.

« Quoi ! disais-je à Marion, je ne la reverrai jamais ?

— Comment veux-tu la revoir, si on l'emportera (*sic*) au cimetière ?

— Et où est-il, le cimetière ?
— Rue des Mûriers, c'est celui de la paroisse Notre-Dame. »

Tout le dialogue de cette nuit m'est encore présent, et il ne tiendrait qu'à moi de le transcrire ici. Là véritablement a commencé ma vie morale, je devais avoir six ans et demi. Au reste, ces dates sont faciles à vérifier par les actes de l'état civil.

Je m'endormis ; le lendemain à mon réveil Marion me dit :

« Il faut aller embrasser ton père.

— Comment, ma petite maman est morte ! Mais comment est-ce que je ne la reverrais plus ?

— Veux-tu bien te taire, ton père t'entend, il est là, dans le lit de la grand'-tante. »

J'allai avec répugnance dans la ruelle de ce lit qui était obscure parce que les rideaux étaient fermés. J'avais de l'éloignement pour mon père et de la répugnance à l'embrasser.

Un instant après arriva l'abbé Rey, un homme fort grand, très froid, creusé de petite vérole, l'air sans esprit et bon, parlant du nez, qui bientôt après fut grand vicaire. C'était un ami de la famille.

Le croira-t-on ? A cause de son état de prêtre j'avais de l'antipathie pour lui.

M. l'abbé Rey se plaça près de la fenêtre, mon père se leva, passa sa robe de chambre, sortit de l'alcôve fermée par des rideaux de serge verte. Il y avait d'autres beaux rideaux de taffetas rose, brochés de blanc, qui le jour cachaient les autres.

L'abbé Rey embrassa mon père en silence, je trouvais mon père bien laid, il avait les yeux gonflés, et les larmes le gagnaient à tout moment.

J'étais resté dans l'alcôve obscure et je voyais fort bien.

« Mon ami, ceci vient de Dieu, » dit enfin l'abbé ; et ce mot, dit par un homme que je haïssais à un autre que je n'aimais guère, me fit réfléchir profondément.

On me croira insensible, je n'étais encore qu'étonné de la mort de ma mère. Je ne comprenais pas ce mot. Oserai-je écrire ce que Marion m'a souvent répété depuis en forme de reproche ? Je me mis à dire du mal de *God*.

Au reste supposons que je mente sur ces *pointes* d'esprit qui percent le sol, certainement je ne mens pas sur tout le reste. Si je suis tenté de mentir, ce sera plus tard, quand il s'agira de très grandes fautes, bien postérieures. Je n'ai aucune foi dans l'esprit des enfants annonçant un homme supérieur. Dans un genre moins sujet à illusions, car enfin les monuments restent, tous les mauvais peintres que j'ai connus ont fait des choses étonnantes vers huit à dix ans et *annonçant le génie.*

Hélas ! rien n'annonce le génie, peut-être l'opiniâtreté serait un signe.

Le lendemain, il fut question de l'enterrement, mon père, dont la figure était réellement absolument changée, me revêtit d'une sorte de manteau noir en laine noire qu'il me lia au cou. La scène se passa dans le cabinet de mon père, rue des Vieux-Jésuites ; mon père était morne et tout le cabinet tapissé d'in-folio funèbres, horribles à voir. La seule *Encyclopédie* de d'Alembert et Diderot, brochée en bleu, faisait exception à la laideur générale.

Ce logis devait avoir appartenu à M. de Brenier, mari de Mlle de Vaulserre et conseiller au Parlement. Mlle de Vaulserre donna ce titre à son mari ; dès lors on avait changé de nom, Vaulserre étant plus noble et plus beau que de Brenier. Depuis, elle s'était faite chanoinesse.

Tous les parents et amis se réunirent dans le cabinet de mon père.

Revêtu de ma mante noire, j'étais entre les genoux de mon père en 1. M. Picot, le père, notre cousin, homme sérieux, mais du sérieux d'un homme de cour, et fort respecté dans la famille comme esprit de conduite (il était maigre, cinquante-cinq

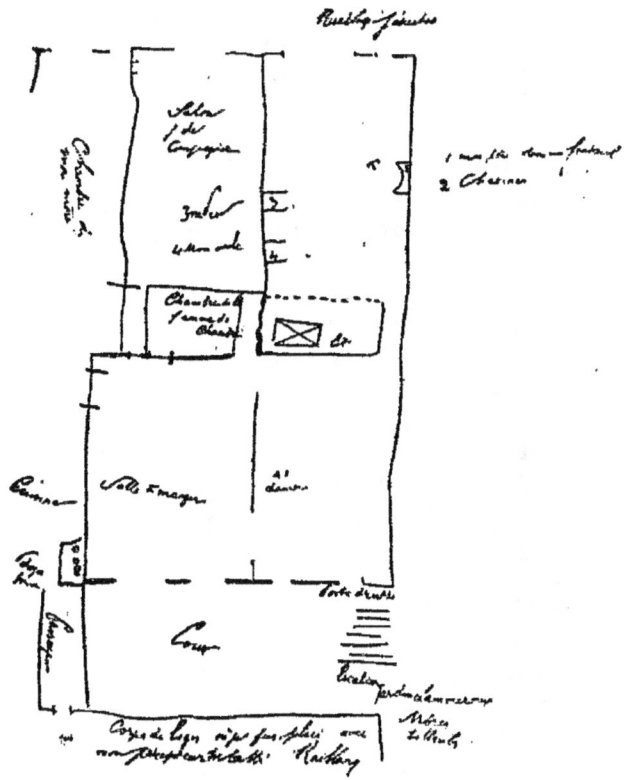

ans et la tournure la plus distinguée,) entra et se plaça en 3.

Au lieu de pleurer et d'être triste, il se mit à faire la conversation comme à l'ordinaire et à parler de la Cour. (Peut-être était-ce la Cour du Parlement, c'est fort probable). Je crus qu'il parlait des Cours étrangères et je fus profondément choqué de son insensibilité.

Un instant après entra mon oncle, le frère de ma mère, jeune homme on ne peut pas mieux fait et on ne peut pas plus agréable et vêtu avec la dernière élégance. C'était l'homme à bonnes fortunes de la ville, lui aussi se mit à faire la conversation comme à l'ordinaire avec M. Picot ; il se plaça en 4. Je fus violemment indigné et je me souvins que mon père l'appelait un homme léger. Cependant je remarquai qu'il avait les yeux fort rouges, et il avait la plus jolie figure, cela me calma un peu.

Il était coiffé avec la dernière élégance et une poudre qui embaumait ; cette coiffure consistait en une bourse carrée de taffetas noir et deux grandes oreilles de chiens (tel fut leur nom six ans plus tard), comme en porte encore aujourd'hui M. le Prince de Talleyrand.

Il se fit un grand bruit, c'était la bière de ma pauvre mère que l'on prenait au salon pour l'emporter.

« Ah ! ça, je ne sais pas l'ordre de ces

cérémonies, » dit d'un air indifférent M. Picot en se levant, ce qui me choqua fort ; ce fut là ma dernière sensation *sociale*. En entrant au salon et voyant la bière couverte du drap noir où *était ma mère*, je fus saisi du plus violent désespoir, je comprenais enfin ce que c'était que la mort.

Ma tante Séraphie m'avait déjà accusé d'être insensible.

J'épargnerai au lecteur le récit de toutes les phases de mon désespoir à l'église paroissiale de Saint-Hugues. J'étouffais, on fut obligé, je crois, de m'emmener parce que ma douleur faisait trop de bruit. Je n'ai jamais pu regarder de sang-froid cette église de Saint-Hugues et la Cathédrale qui est attenante. Le son seul des cloches de la Cathédrale, même en 1828, quand je suis allé revoir Grenoble, m'a donné une tristesse morne, sèche, sans attendrissement, de cette tristesse voisine de la colère.

En arrivant au cimetière, qui était dans un bastion près de la rue des Mûriers (aujourd'hui, du moins en 1828, occupé par un grand bâtiment, magasin du génie), je fis des folies que Marion m'a racontées depuis. Il paraît que je ne voulais pas qu'on jetât de la terre sur la bière de ma mère,

prétendant qu'on lui ferait mal. Mais

> Sur les noires couleurs d'un si triste tableau
> Il faut passer l'éponge ou tirer le rideau.

Par suite du jeu compliqué des caractères de ma famille, il se trouva qu'avec ma mère finit toute la joie de mon enfance.

CHAPITRE 5 [1]

PETITS SOUVENIRS DE MA PREMIÈRE ENFANCE

A l'époque où nous occupions le premier étage sur la place Grenette, avant 1790 ou plus exactement jusqu'au milieu de 1789, mon oncle, jeune avocat, avait un joli petit appartement au second, au coin de la place Grenette et de la Grande-Rue [2]. Il riait avec moi, et me permettait de le voir dépouiller ses beaux habits et prendre sa robe de chambre, le soir, à neuf heures, avant souper. C'était un moment délicieux pour moi, et je redescendais tout joyeux au premier étage en portant devant lui le flambeau d'argent. Mon aristocrate famille se serait crue déshonorée si le flambeau n'avait pas été d'argent. Il est vrai qu'il ne portait pas la noble bougie, l'usage était alors de se servir de chandelle.

---

1. *Petits souvenirs*. A placer *after the recit of my mother death* : Barthélemy d'Orbane. Départ pour Romans, grande neige. Départ pour Vizille. Haine de Séraphie pour les damoiselles Barnave. Décrire la *campagne* (maison de campagne)..., nous passons à Saint-Robert.
2. 2-17 déc. 1835. Je souffre du froid, collé contre la cheminée. La cuisse gauche est gelée.

Mais cette chandelle, on la faisait venir avec grand soin et en caisse des environs de Briançon ; on voulait qu'elle fût faite avec du suif de chèvre, on écrivait pour cela en temps utile à un ami qu'on avait dans ces montagnes. Je me vois encore assistant au déballement de la chandelle et mangeant du lait avec du pain dans l'écuelle d'argent ; le frottement de la cuiller contre le fond de l'écuelle mouillé de lait me frappait comme singulier. C'étaient presque des relations d'*hôte à hôte*, comme on les voit dans Homère, que celles qu'on avait avec cet ami de Briançon, suite naturelle de la défiance et de la barbarie générales [1].

Mon oncle, jeune, brillant, léger, passait pour l'homme le plus aimable de la ville, au point que, bien des années après, Madame Delaunay, voulant justifier sa vertu, laquelle pourtant avait fait tant de faux pas : « Pourtant, disait-elle, je n'ai jamais cédé à M. Gagnon fils ».

Mon oncle, dis-je, se moquait fort de la gravité de son père, lequel, le rencontrant dans le monde avec de riches habits

---

[1]. Style. Ordre des idées. Préparer l'attention par quelques mots en parlant 1º de Lambert ; 2º sur mon oncle dans les premiers chapitres, 17 déc. 35.
Style. Rapport des mots aux idées : directeur à l'Académie, artiste, Saint-Marc-Girardin, Chevalier *of Konig von Janfoutre*, Débats.

qu'il n'avait pas payés, était fort étonné. « Je m'éclipsais au plus vite », ajoutait mon oncle qui me racontait ce cas.

Un soir, malgré tout le monde (mais quels étaient donc les opposants avant 1790 ?), il me mena au spectacle. On jouait *le Cid*.

« Mais cet enfant est fou , » dit mon excellent grand-père à mon retour, son amour pour les lettres l'avait empêché de s'oppo-

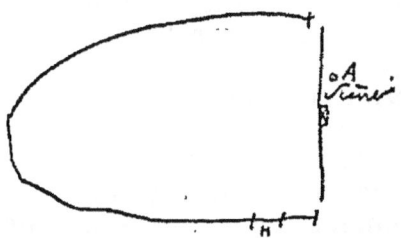

Infâme salle de spectacle de Grenoble laquelle m'inspira la vénération la plus tendre. J'en aimais même la mauvaise odeur vers 1794, 95 et 96. Cet amour alla jusqu'à la fureur au temps de Mlle V. Kably.
A. Là le Cid se blesse.
H. Henri Beyle âgé de moins de six ans.

ser bien sérieusement à ma course au spectacle. Je vis donc jouer *le Cid*, mais, ce me semble, en habits de satin bleu de ciel avec des souliers de satin blanc.

En disant les Stances, ou ailleurs, en maniant une épée avec trop de feu, le Cid se blessa à l'œil droit.

« Un peu plus, dit-on autour de moi, il se crevait l'œil. » J'étais aux premières loges, la seconde à droite.

Une autre fois, mon oncle eut la complaisance de me mener à *la Caravane du Caire*. (Je le gênais dans ses évolutions autour, auprès des dames. De quoi je m'apercevais fort bien.) Les chameaux me firent absolument perdre la tête. *L'infante de Zamora*, où un poltron, ou bien un cuisinier, chantait une ariette, portant un casque avec un rat pour cimier, me charma jusqu'au délire. C'était pour moi le vrai comique.

Je me disais, fort obscurément sans doute, et pas aussi nettement que je l'écris ici : « Tous les moments de la vie de mon oncle sont aussi délicieux que ceux dont je partage le plaisir au spectacle. La plus belle chose du monde est donc d'être un homme aimable, comme mon oncle. » Il n'entrait pas dans ma tête de cinq ans que mon oncle ne fût pas aussi heureux que moi en voyant défiler les chameaux de la caravane.

Mais j'allai trop loin : au lieu d'être galant, je devins passionné auprès des femmes que j'aimais, presque indifférent et surtout sans vanité pour les autres, de là le manque de succès et le *fiasco*. Peut-être aucun homme de la Cour de l'Empereur n'a eu moins de femmes que moi, que l'on croyait l'amant de la femme du premier ministre.

Le spectacle, le son d'une belle cloche grave (comme à l'église de..., au-dessus de Rolle, en mai 1800, allant au Saint-Bernard) sont et furent toujours d'un effet profond sur mon cœur. La messe même, à laquelle je croyais si peu, m'inspirait de la gravité. Bien jeune encore, et certainement avant dix ans et le billet de l'abbé Gardon, je croyais que *God* méprisait ces jongleurs. (Après quarante-deux ans de réflexions, j'en suis encore la mystification, trop utile à ceux qui la pratiquent pour ne pas trouver toujours des continuateurs. Histoire de la médaille, que raconta avant-hier Umbert Guitri, décembre 1835.)

J'ai le souvenir le plus net et le plus clair de la perruque ronde et poudrée de mon grand-père, elle avait trois rangs de boucles. Il ne portait jamais de chapeau.

Ce costume avait contribué, ce me semble, à le faire connaître et respecter du peuple, duquel il ne prenait jamais d'argent pour ses soins comme médecin.

Il était le médecin et l'ami de la plupart des maisons nobles. M. de Chaléon, dont je me rappelle encore le son des *clercs* sonnés à Saint-Louis lors de sa mort; M. de Lacoste, qui eut une apoplexie dans les Terres-Froides, à La Frette ; M. de Langon, d'une haute noblesse, disaient les sots ; M. de Ravix, qui avait la gale et jetait son manteau à terre sur le plancher, dans la chambre de mon grand-père, qui me gronda avec une mesure parfaite parce que, après avoir parlé de cette circonstance, j'articulai le nom de M. de Ravix ; M. et Mme des Adrets, Mme de Vaulserre, leur fille, dans le salon de laquelle je *vis le monde* pour la première fois. Sa sœur, Mme de Moreton, me semblait bien jolie et passait pour fort galante.

Il était et avait été depuis vingt-cinq ans, à l'époque où je l'ai connu, le promoteur de toutes les entreprises utiles et que, vu l'époque d'enfance politique de ces temps reculés (1760), on pourrait appeler libérales. On lui doit la Bibliothèque. Ce ne fut pas une petite affaire. Il fallut d'abord l'acheter, puis la placer, puis doter le bibliothécaire.

Il protégeait, d'abord contre leurs parents, puis plus efficacement, tous les jeunes gens qui montraient l'amour de l'étude. Il citait aux parents récalcitrants l'exemple de Vaucanson.

Quand mon grand-père revint de Montpellier à Grenoble (docteur en médecine), il avait une fort belle chevelure, mais l'opinion publique de 1760 lui déclara impérieusement que s'il ne prenait pas perruque personne n'aurait confiance en lui. Une vieille cousine Didier, qui le fit héritier avec ma tante Elisabeth et mourut vers 1788, avait été de cet avis. Cette bonne cousine me faisait manger du pain jaune (avec du safran) quand j'allais la voir le jour de Saint-Laurent. Elle demeurait dans la rue auprès de l'église de Saint-Laurent ; dans la même rue mon ancienne bonne Françoise, que toujours j'adorai, avait une boutique d'épicerie, elle avait quitté ma mère pour se marier. Elle fut remplacée par la belle Geneviève, sa sœur, auprès de laquelle mon père, dit-on, était galant.

La chambre de mon grand-père, au premier étage sur la Grenette, était peinte en gros vert et mon père me disait dès ce temps-là :

« Le grand-papa, qui a tant d'esprit, n'a pas de goût pour les arts. »

Le caractère timide des Français fait qu'ils emploient rarement les couleurs franches : verte, rouge, bleue, jaune vif; ils préfèrent les nuances indécises. A cela près, je ne vois pas ce qu'il y avait à blâmer dans le choix de mon grand-père. Sa chambre était en plein midi, il lisait énormément, il voulait ménager ses yeux, desquels il se plaignait quelquefois.

Mais le lecteur, s'il s'en trouve jamais pour ces puérilités, verra sans peine que tous mes *pourquoi*, toutes mes explications, peuvent être très fautives. Je n'ai que des images fort nettes, toutes mes explications me viennent en écrivant ceci, quarante-cinq ans après les événements.

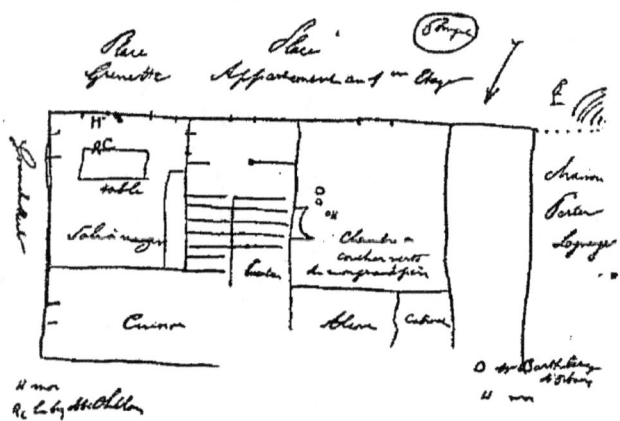

Je ne vois pas où logeaient ma tante Séraphie et ma grand'-tante Elisabeth. J'ai un souvenir vague d'une chambre entre la salle à manger et la grande-rue.

Mon excellent grand-père, qui dans le fait fut mon véritable père et mon ami intime jusqu'à mon parti pris, vers 1796, de me tirer de Grenoble par les mathématiques, racontait souvent une chose merveilleuse.

Ma mère m'ayant fait porter dans sa chambre (verte), le jour où j'avais un an, 23 janvier 1784, me tenait debout près de la fenêtre ; mon grand-père, placé vers le lit, m'appelait, je me déterminai à marcher et arrivai jusqu'à lui.

Alors je parlais un peu et pour saluer je disais, *hateus*. Mon oncle plaisantait sa sœur Henriette (ma mère) sur ma laideur. Il paraît que j'avais une tête énorme, sans cheveux, et que je ressemblais au Père Brulard, un moine adroit, bon vivant, et à grande influence sur son couvent, mon oncle ou grand-oncle mort avant moi.

J'étais fort entreprenant, de là deux accidents racontés avec terreur et regret par

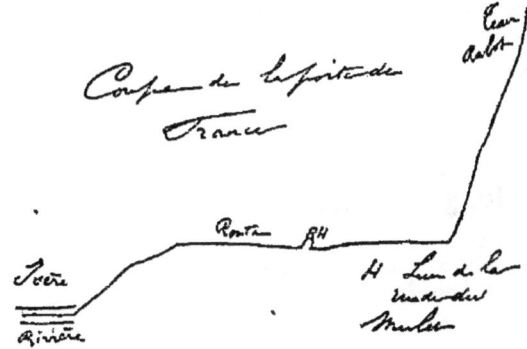

mon grand-père : Vers le rocher de la Porte-de-France je piquai avec un morceau de fagot appointé, taillé en pointe avec un couteau, un mulet qui eut l'impudence de me camper ses deux fers dans la poitrine, il me renversa. « Un peu plus, il était mort », disait mon grand-père.

Je me figure l'événement, mais probablement ce n'est pas un souvenir direct, ce n'est que le souvenir de l'image que je me formai de la chose, fort anciennement et à l'époque des premiers récits qu'on m'en fit.

Le second événement tragique fut qu'entre ma mère et mon grand-père je me cassai deux dents de devant en tombant sur le coin d'une chaise. Mon bon grand-père ne revenait pas de son étonnement :

« Entre sa mère et moi ! » répétait-il comme pour déplorer la force de la fatalité.

Le grand trait, à mes yeux, de l'appartement au premier étage, c'est que j'entendais le bruissement de la barre de fer à l'aide de laquelle on pompait, ce gémissement prolongé et point aigre me plaisait fort.

Le bon sens dauphinois se révolta à peu près contre la Cour. Je me souviens fort bien du départ de mon grand-père pour les Etats de Romans, il était alors patriote fort considéré, mais des plus modérés ; on peut se figurer Fontenelle tribun du peuple.

Le jour du départ, il faisait un froid à *pierre fendre* (ce fut (à vérifier) le grand hiver de 1789 à 1790[1], il y avait un pied de neige sur la place Grenette.)

Dans la cheminée de la chambre de mon grand-père, il y avait un feu énorme. Le chambre était remplie d'amis qui venaient voir monter en voiture. Le plus célèbre avocat consultant de la ville, l'oracle en matière de droit, belle place dans une ville de Parlement, M. Barthélemy d'Orbane, ami intime de la famille, était en O et moi en H, devant le feu pétillant. J'étais le héros du moment, car je suis convaincu que mon grand-père ne regrettait que moi à Grenoble et n'aimait que moi.

Dans cette position, M. Barthélemy d'Orbane m'apprit à faire des grimaces. Je le vois encore et moi aussi. C'est un art dans lequel je fis les plus rapides progrès, je riais moi-même des mines que je faisais pour faire rire les autres. Ce fut en vain qu'on s'opposa bientôt au goût croissant des grimaces, il dure encore, je ris souvent des mines que je fais quand je suis seul.

Dans la rue un fat passe avec une mine affectée (M. Lysimaque, par exemple, ou M. le comte..., amant de Mme Del Monte),

---

1. 1788 à 1789. *Note de Colomb*

j'imite sa mine et je ris. Mon instinct est plutôt d'imiter les mouvements ou plutôt les positions affectées de la figure (face) que ceux du corps. Au Conseil d'Etat, j'imitais sans le vouloir et d'une façon fort dangereuse l'air d'importance du fameux comte Regnault de Saint-Jean-d'Angély, placé à trois pas de moi, particulièrement quand, pour mieux écouter le colérique abbé Louis, placé de l'autre côté de la salle vis-à-vis de lui, il abaissait les cols démesurément longs de sa chemise. Cet instinct ou cet art que je dois à M. d'Orbane m'a fait beaucoup d'ennemis. Actuellement le sage di Fiore me reproche l'ironie cachée, ou plutôt mal cachée, et apparente malgré moi dans le coin droit de la bouche.

A Romans, il ne manqua que cinq voix à mon grand-père pour être député. « J'y serais mort », répétait-il souvent en se félicitant d'avoir refusé les voix de plusieurs bourgeois de campagne, qui avaient confiance en lui et venaient le consulter le matin chez lui. Sa prudence à la Fontenelle l'empêchait d'avoir une ambition sérieuse, il aimait beaucoup cependant à faire un discours devant une assemblée choisie, par exemple à la Bibliothèque. Je m'y vois encore, l'écoutant dans la première salle remplie de monde, et immense à mes yeux. Mais pourquoi ce monde ? à quelle occasion ? C'est ce que l'image ne me dit pas. Elle n'est qu'image.

Mon grand-père nous racontait souvent qu'à Romans son encre, placée sur sa cheminée bien chauffée, gelait au bout de sa plume. Il ne fut pas nommé, mais fit nommer un député ou deux dont j'ai oublié les noms, mais lui n'oubliait pas le service qu'il leur avait rendu et les suivait des yeux dans l'assemblée, où il blâmait leur énergie.

J'aimais beaucoup M. d'Orbane ainsi que le gros chanoine son frère, j'allais les voir place des Tilleuls ou sous la voûte qui de la place Notre-Dame conduisait à celle des Tilleuls, à deux pas de Notre-Dame, où le chanoine chantait. Mon père ou mon grand-père envoyait à l'avocat célèbre des dindons gras à l'occasion de Noël.

J'aimais aussi beaucoup le père Ducros, cordelier défroqué (du couvent situé entre le Jardin-de-Ville et l'hôtel de Franquières lequel, à mon souvenir, me semble style de la Renaissance).

J'aimais encore l'aimable abbé Chélan, curé de Risset près Claix, petit homme maigre, tout nerfs, tout feu, pétillant d'esprit, déjà d'un certain âge, qui me paraissait vieux, mais n'avait peut-être que quarante ou quarante-cinq ans et dont les discussions à table m'amusaient infiniment. Il ne manquait pas de venir dîner chez mon grand-père quand il venait à Grenoble, et le dîner était bien plus gai qu'à l'ordinaire.

Un jour, à souper, il parlait depuis trois quarts d'heure en tenant à la main une cuillerée de fraises. Enfin il porta la cuiller à la bouche.

« L'abbé, vous ne direz pas votre messe demain, dit mon grand-père.

— Pardonnez-moi, je la dirai demain, mais non pas aujourd'hui, car il est minuit passé. » Ce dialogue fit ma joie pendant un mois, cela me paraissait pétillant d'esprit. Tel est l'esprit pour un peuple ou pour un homme jeune, l'émotion est en eux ; — voir les réponses d'esprit admirées par Boccace ou Vasari.

Mon grand-père, en ces temps heureux, prenait la religion fort gaîment, et ces Messieurs étaient de son avis ; il ne devint triste et un peu religieux qu'après la mort de ma mère (en 1790), et encore, je pense, par l'espoir incertain de la retrouver, revoir, dans l'autre monde, comme M. de Broglie qui dit en parlant de son aimable fille, morte à treize ans :

« Il me semble que ma fille est en Amérique. »

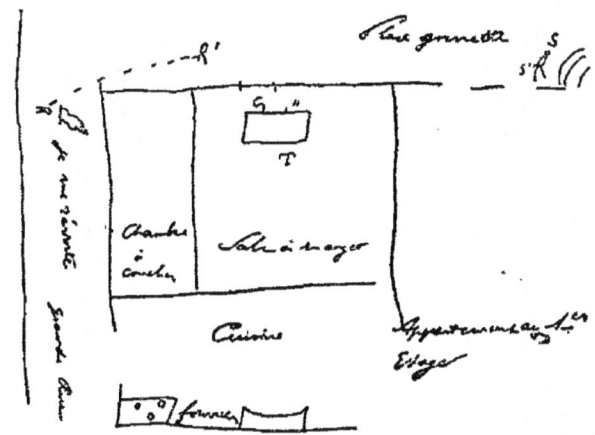

Je crois que M. l'abbé Chélan dînait à la maison, lors de la *Journée des tuiles*. Ce jour-là, je vis couler le premier sang répandu par la Révolution française. C'était un malheureux ouvrier chapelier (S), blessé à mort par un coup de baïonnette (S') au bas du dos.

On quitta la table au milieu du dîner (T). J'étais en H et le curé Chélan en C. Je chercherai la date dans quelque chronologie. L'image est on ne peut plus nette chez moi, il y a peut-être de cela quarante-trois ans.

Un M. de Clermont-Tonnerre, commandant en Dauphiné et qui occupait l'hôtel du Gouvernement, maison isolée donnant sur le rempart (avec une vue superbe sur le coteau d'Eybens, une vue tranquille et belle, digne de Claude Lorrain), et une entrée par une belle cour, rue Neuve, près de la rue des Mûriers, voulut, ce me semble, dissiper un rassemblement ; il avait deux régiments, contre lesquels le peuple se défendit avec les tuiles qu'il jetait du haut des maisons, de là le nom : *Journée des Tuiles* [1].

Un des sous-officiers de ces régiments était Bernadotte, actuel roi de Suède, une âme aussi noble que celle de Murat, roi de Naples, mais bien autrement adroit.

---

1. J'ai laissé à Grenoble une vue de cette révolte émeute à l'aquarelle par M. Le Roy.

Lefèvre, perruquier et ami de mon père, nous a souvent raconté qu'il avait sauvé la vie au général Bernadotte (comme il disait en 1804), vivement pressé au fond d'une allée. Lefèvre était un bel homme fort brave, et le maréchal Bernadotte lui avait envoyé un cadeau.

Mais tout ceci est de l'histoire, à la vérité racontée par des témoins oculaires, mais que je n'ai pas vue. Je ne veux dire à l'avenir, en Russie et ailleurs, que ce que *j'ai vu*.

Mes parents ayant quitté le dîner avant la fin et moi étant seul à la fenêtre de la salle à manger, ou plutôt à la fenêtre d'une chambre donnant sur la Grande-Rue, je vis une vieille femme, qui, tenant à la main ses vieux souliers, criait de toutes ses forces : « Je me révorte ! je me révorte ! »

Elle allait de la place Grenette à la Grande-Rue. Je la vis en R venant de R'. Le ridicule de cette révolte me frappa beaucoup. Une vieille femme contre un régiment me frappa beaucoup. Le soir même, mon grand-père me conta la mort de Pyrrhus [1].

Je pensais encore à la vieille femme quand je fus distrait par un spectacle tragique en O[2]. Un ouvrier chapelier,

---

1. Cette queue savante fait-elle bien ?
2. Point S. de la figure de la page 70. N. D. L. E.

blessé dans le dos d'un coup de baïonnette, à ce qu'on dit, marchait avec beaucoup de peine, soutenu par deux hommes sur les épaules des quels il avait les bras passés. Il était sans habit, sa chemise et son pantalon de nankin ou blanc étaient remplis de sang, je le vois encore, la blessure d'où le sang sortait abondamment était au bas du dos, à peu près vis-à-vis le nombril.

On le faisait marcher avec peine pour gagner sa chambre, située au sixième étage de la maison Périer, et en y arrivant il mourut.

Mes parents me grondaient et m'éloignaient de la fenêtre de la chambre de mon grand-père pour que je ne visse pas ce spectacle d'horreur, mais j'y revenais toujours. Cette fenêtre appartenait à un premier étage fort bas.

Je revis ce malheureux à tous les étages de l'escalier de la maison Périer, escalier éclairé par de grandes fenêtres donnant sur la place.

Ce souvenir, comme il est naturel, est le plus net qui me soit resté de ces temps-là.

Au contraire, je retrouve à grand'peine quelques vestiges du souvenir d'un feu de joie au Fontanil (route de Grenoble à Voreppe) où l'on venait de brûler *Lamoignon*. Je regrettai beaucoup la vue d'une grande figure de paille habillée, le fait est que mes parents, *pensant bien* et fort contrariés de tout ce qui s'écartait de l'*ordre* (l'ordre règne dans Varsovie, dit M. le général Sebastiani vers 1832), ne voulaient pas que je fusse frappé de ces preuves de la colère ou de la force du peuple. Moi, déjà à cet âge, j'étais de l'opinion contraire ; ou peut-être mon opinion à l'âge de huit ans est-elle cachée par celle, bien décidée, que j'eus à dix ans.

Une fois, MM. Barthélemy d'Orbane, le chanoine Barthélemy, M. l'abbé Rey, M. Bouvier, tout le monde, parlait chez mon grand-père de la prochaine arrivée de M. le maréchal de Vaux.

« Il vient faire ici une entrée de ballet, » dit mon grand-père ; ce mot que je ne compris pas me donna beaucoup à penser. Que pouvait-il y avoir de commun, me disais-je, entre un vieux maréchal et un balai ?

Il mourut, le son majestueux des cloches m'émut profondément. On me mena voir la chapelle ardente (ce me semble, dans l'hôtel du Commandement, vers la rue des Mûriers, souvenir presque effacé) ; le spectacle de cette tombe noire et éclairée en plein jour par une quantité de cierges, les fenêtres étant fermées, me frappa. C'était l'idée de la mort paraissant pour la première fois. J'étais mené par Lambert, domestique (valet de chambre) de mon grand-père et mon intime ami. C'était un jeune et bel homme très dégourdi.

Un de ses amis à lui vint lui dire : « La fille du Maréchal n'est qu'une avare, ce qu'elle donne de drap noir aux tambours pour couvrir leur caisse ne suffit pas pour faire une culotte. Les tambours se plaignent beaucoup, l'usage est de donner ce qu'il faut pour faire une culotte . » De retour à la maison, je trouvai que mes parents parlaient aussi de l'avarice de cette fille du maréchal.

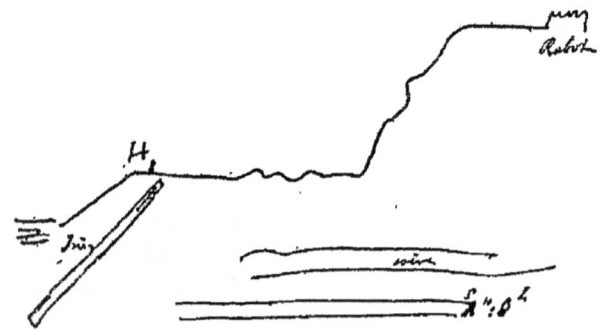

Le lendemain fut un jour de bataille pour moi, j'obtins avec grande difficulté, ce me semble, que Lambert me ménerait voir passer le convoi. Il y avait une foule énorme. Je me vois au point H, entre la grande route et l'eau, près le four à chaux, à deux cents pas en deçà et à l'orient de la Porte-de-France.

Le son des tambours voilé par le petit coupon de drap noir non suffisant pour faire une culotte m'émut beaucoup. Mais voici bien une autre affaire : je me trouvais au point H, à l'extrême gauche d'un bataillon du régiment d'Austrasie, je crois, habit blanc et parements noirs, L est Lambert, me donnant la main à moi, H. J'étais à six pouces du dernier soldat du régiment, S.

Il me dit tout-à-coup :

« Eloignez-vous un peu, afin « qu'en *tirant* je ne vous fasse pas mal. »

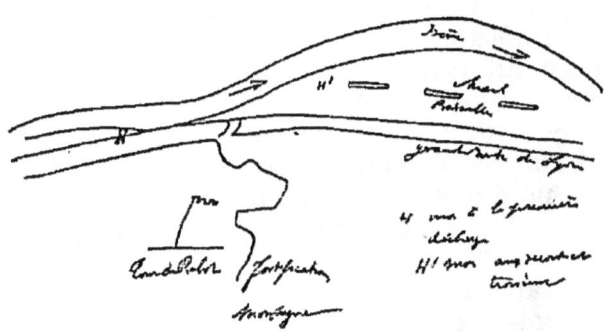

On allait donc tirer ! et tant de soldats ! Ils portaient l'arme renversée.

Je mourais de peur ; je lorgnais de loin la voiture noire qui s'avançait lentement par le pont de pierre, tirée par six ou huit chevaux. J'attendais en frémissant la décharge. Enfin, l'officier fit un cri, immédiatement suivi de la décharge, le feu. Je fus soulagé d'un grand poids. A ce moment, la foule se précipitait vers la voiture drapée que je vis avec beaucoup de plaisir, il me semble qu'il y avait des cierges.

On fit une seconde, peut-être une troisième décharge, hors de la Porte-de-France, mais j'étais aguerri.

Il me semble que je me souviens aussi un peu du départ pour Vizille (Etats de la province, tenus au château de Vizille, bâti par le connétable de Lesdiguières). Mon grand-père adorait les antiquités et me fit concevoir une idée sublime de ce château par la façon dont il en parlait. J'étais sur le point de concevoir de la vénération pour la noblesse, mais bientôt MM. de Saint-Ferréol et de Sinard, mes camarades, me guérirent.

On portait des matelas attachés derrière les chaises de poste (à deux roues).

Le *jeune Mounier*, comme disait mon grand-père vint à la maison. C'est par l'effet d'une séparation violente que sa fille et moi n'avons pas conçu par la suite une passion violente l'un pour l'autre, dernière heure que je passai sous une porte cochère, rue Montmartre, vers le boulevard, pendant une averse, en 1803 ou 1804, lorsque M. Mounier alla remplir les fonctions de préfet à Rennes. (Mes lettres à son fils Edouard, lettre de Victorine, à moi adressée. Le bon est qu'Edouard croit, ce me semble, que je suis allé à Rennes.)

Le petit portrait raide et mal peint que l'on voit dans une chambre attenant à la bibliothèque publique de Grenoble, et qui représente M. Mounier en habit de préfet, si je ne me trompe, est ressemblant. Figure de fermeté, mais tête étroite. Son fils, que j'ai beaucoup connu en 1803 et en Russie en 1812 (Viasma-sur-tripes), est un plat, adroit et fin matois, vrai type de Dauphinois ainsi que le ministre Casimir Périer, mais ce dernier a trouvé plus Dauphinois que lui. Edouard Mounier en a l'accent traînant, quoique élevé à Weimar, il est pair de France et baron, et juge bravement à la Cour de Paris (1835, décembre). Le lecteur me croira-t-il si j'ose ajouter que je ne voudrais pas être à la place de MM. Félix Faure et Mounier, pairs de France et jadis de mes amis ?

Mon grand-père, ami tendre et zélé de tous les jeunes gens qui aimaient à travailler, prêtait des livres à M. Mounier, et le soutenait contre le blâme de son père. Quelquefois, en passant dans la Grande-Rue, il entrait dans la boutique de celui-ci et lui parlait de son fils. Le vieux marchand de draps, qui avait beaucoup d'enfants et ne songeait qu'à l'utile, voyait avec un chagrin mortel ce fils perdre son temps à lire.

Le fort de M. Mounier fils était le caractère, mais les lumières ne répondaient pas à la fermeté. Mon grand-père nous racontait en riant, quelques années après, que madame Borel, qui devait être la belle-mère de M. Mounier, étant venue acheter du drap, M. Mounier, commis de son père, déploya la pièce, fit manier le drap, et ajouta :

« Ce drap se vend vingt-sept livres l'aune.

— Hé bien ! monsieur, je vous en donnerai vingt-cinq », dit madame Borel.

Sur quoi M. Mounier replia la pièce de drap, et la reporta froidement dans sa case.

« Mais, monsieur ! monsieur ! dit Mme Borel étonnée, j'irai bien jusqu'à vingt-cinq livres dix sols.

— Madame, un honnête homme n'a que son mot. »

La bourgeoise fut fort scandalisée.

Ce même amour du travail chez les

jeunes gens, qui rendrait mon grand-père si coupable aujourd'hui, lui faisait protéger le jeune Barnave.

Barnave était notre voisin de campagne, lui à St-Robert, nous à Saint-Vincent (route de Grenoble à Voreppe et Lyon). Séra-

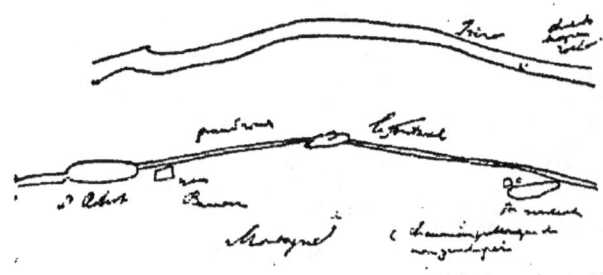

phie le détestait et bientôt après applaudit à sa mort et au peu de bien qui restait à ses sœurs, dont l'une s'appelait, ce me semble, madame St-Germain. A chaque fois que nous passions à St-Robert : « Ah ! voilà la maison de Barnave », disait Séraphie, et elle le traitait en dévote piquée. Mon grand-père, très bien venu des nobles, était l'oracle de la bourgeoisie, et je pense que la mère de l'immortel Barnave, qui le voyait avec peine négliger les procès pour Mably et Montesquieu, était calmée par mon grand-père. Dans ces temps-là, notre compatriote Mably passait pour quelque chose, et deux ans après on donna son nom à la rue des Clercs [1].

1. A placer : Secret de la fortune de MM. Rotschild, vu par Dominique, le 23 décembre 1835. Ils vendent ce dont tout le monde a envie, des *rentes*, et de plus s'en sont faits fabricants (*id est* en prenant les emprunts).

....

Il faudrait acheter un plan de Grenoble et le coller ici. Faire prendre les extraits mortuaires de mes parents, ce qui me donnerait des dates, et l'extrait de naissance de *my dearest mother* et de mon bon grand-père. Décembre 1835. Qui pense à eux aujourd'hui que moi, et avec quelle tendresse, à ma mère, morte depuis quarante-six ans ? Je puis donc parler librement de leurs défauts. La même justification pour Madame la baronne de Barcoff, Mme Alex. Petit, Mme la baronne Dembowski (que de temps que je n'ai pas écrit ce nom !), Virginie, 2 Victorines, Angela, Mélanie, Alexandrine, Méthilde, Clémentine, Julia, Alberthe de Rubempré (adorée pendant un mois seulement).

V. 2 V. A. M. A. M. C. I. A.

Un homme plus positif dirait :

A. M. C. I. A.

Droit que j'ai d'écrire ces mémoires : quel être n'aime pas qu'on se souvienne de lui ?

....

Faits placés ici pour ne pas les oublier, à mettre en leur lieu : Pourquoi Omar m'est pesante.

C'est que je n'ai pas une société le soir pour me distraire de mes idées du matin. Quand je faisais un ouvrage à Paris, je travaillais jusqu'à étourdissements et impossibilité de marcher. Six heures sonnant, il fallait pourtant aller dîner, sous peine de déranger les garçons du restaurateur, pour un dîner de 3 fr. 50, ce qui m'arrivait souvent, et j'en rougissais. J'allais dans un salon ; là, à moins qu'il ne fût bien piètre, j'étais absolument distrait de mon travail du matin, au point d'en avoir oublié même le sujet en rentrant chez moi à une heure.

....

20 décembre 1835. Fatigue du matin.

Voilà ce qui me manque à Omar : la société est si languissante (Mme *Sandre, the mother of Marieta*), la comtesse Rive....., la princesse de Da..... ne valent pas la peine de monter en voiture.

Tout cela ne peut me distraire des idées du matin, de façon que quand je reprends mon travail le lendemain, au lieu d'être frais et soulagé je suis absolument éreinté.

Et après quatre ou cinq jours de cette vie, je me dégoûte de mon travail, j'en ai réellement tué les idées en y pensant trop continuement. Je fais un voyage de quinze jours à Civita-Vecchia et à Ravenne (1835, octobre). Cet intervalle est trop long, j'ai *oublié* mon travail. Voilà pourquoi le *Chasseur Vert* languit, voilà ce qui, avec le manque total de bonne musique, me déplaît dans Omar.

CHAPITRE 6

Après la mort de ma mère, mon grand-père fut au désespoir. Je vois, mais aujourd'hui seulement, que c'était un homme qui devait avoir un caractère dans le genre de celui de Fontenelle, modeste, prudent, discret, extrêmement aimable et amusant avant la mort de sa fille chérie. Depuis, il se renfermait souvent dans un silence discret. Il n'aimait au monde que cette fille et moi.

Son autre fille, Séraphie, l'ennuyait et le vexait, il aimait la paix par-dessus tout et elle ne vivait que de scènes. Mon bon grand-père, pensant à son autorité de père, se faisait de vifs reproches de ne pas montrer les dents, *c'est une expression du pays* ; je les conserve, sauf à les traduire plus tard en français de Paris, je les conserve en ce moment pour mieux me rappeler les détails qui m'arrivent en foule. M. Gagnon estimait et craignait sa sœur qui lui avait préféré dans la jeunesse un frère mort à Paris, chose que le frère survivant ne lui avait jamais pardonnée, mais avec son caractère à la Fontenelle, aimable et pacifique, il n'y paraissait nullement ; j'ai deviné cela plus tard.

M. Gagnon avait une sorte d'aversion pour son fils, Romain Gagnon, mon oncle, jeune homme brillant et parfaitement aimable.

C'est la possession de cette qualité qui brouillait, ce me semble, le père et le fils ; ils étaient tous deux, mais dans des genres différents, les hommes les plus aimables de la ville. Mon grand-père était plein de mesure dans les plaisanteries et son esprit fin et froid pouvait passer inaperçu. Il était d'ailleurs un prodige de science pour ce temps-là (où florissait la plus drôle d'ignorance). Les sots ou les envieux (MM. Champel, Tournus (le cocu), Tourte) lui faisaient sans cesse, pour se venger, des compliments sur sa mémoire. Il savait, croyait et citait les auteurs approuvés sur toutes sortes de sujets.

« Mon fils n'a rien lu », disait-il, quelquefois avec humeur. Rien n'était plus vrai, mais il était impossible de s'ennuyer dans une société où était M. Gagnon le fils. Son père lui avait donné un charmant appartement dans sa maison et l'avait fait avocat. Dans une ville de parlement, tout le monde aimait la chicane, et vivait de la chicane, et faisait de l'esprit sur la chicane.

Je sais encore un nombre de plaisanteries sur le *péliloire* et le *possessoire*.

Mon grand-père donnait le logement et la table à son fils, plus une pension de cent francs par mois, somme énorme à Grenoble en 1789, pour ses menus plaisirs et mon oncle achetait des habits brodés de mille écus et entretenait des actrices.

Je n'ai fait qu'entrevoir ces choses, que je pénétrais par les demi-mots de mon grand-père. Je suppose que mon oncle recevait des cadeaux de ses maîtresses riches, et avec cet argent s'habillait magnifiquement et entretenait les maîtresses pauvres. Il faut savoir que, dans notre pays et alors, il n'y avait rien de mal à recevoir de l'argent de Madame Dulauron, ou de Madame de Marcieu, ou de Madame de Sassenage, pourvu qu'on le dépensât *hic et nunc* et qu'on ne thésaurisât pas. *Hic et nunc* est une façon de parler que Grenoble devait à son parlement.

Il est arrivé plusieurs fois que mon grand-père, arrivant chez M. de Quinsonnas ou dans un autre cercle, apercevait un jeune homme richement vêtu et que tout le monde écoutait, c'était son fils.

« Mon père ne me connaissait pas ces habits, me disait mon oncle, je m'éclipsais au plus vite et rentrais pour reprendre le modeste frac. Quand mon père me disait :

Mais faites-moi un peu le plaisir de me dire où vous prenez les frais de cette toilette. — Je joue et j'ai du bonheur, répondais-je. — Mais alors, pourquoi ne pas payer vos dettes ? — Et madame Une telle qui voulait me voir avec le bel habit qu'elle m'avait acheté ! continuait mon oncle. Je m'en tirais par quelque calembredaine. »

Je ne sais si mon lecteur de 1880 connaît un roman fort célèbre encore aujourd'hui : *Les Liaisons dangereuses* avaient été composées à Grenoble par M. Choderlos de Laclos, officier d'artillerie, et peignaient les mœurs de Grenoble.

J'ai encore connu Mme de Merteuil, c'était Mme de Montmaure, qui me donnait des noix confites, boiteuse qui avait la maison Drevon au Chevallon, près l'église de Saint-Vincent, entre Le Fontanil et Voreppe, mais plus près du Fontanil. La largeur du chemin séparait le domaine de Mme de Montmaure (ou loué par Mme de Montmaure) de celui de M. Henri Gagnon. La jeune personne riche qui est obligée de se mettre au couvent a dû être une demoiselle de Blacons, de Voreppe.

Cette famille est exemplaire par la tristesse, la dévotion, la régularité et l'ultracisme, ou du moins était exemplaire vers 1814, quand l'Empereur m'envoya commissaire dans la 7e division militaire avec le vieux sénateur comte de Saint-Vallier, un des roués de l'époque de mon oncle et qui me parla beaucoup de lui comme ayant fait faire d'insignes folies à Mmes N. et N., j'ai oublié les noms. Alors j'étais brûlé du feu sacré et ne songeais qu'aux moyens de repousser les Autrichiens, ou du moins de les empêcher d'entrer aussi vite.

J'ai donc vu cette fin des mœurs de Mme de Merteuil, comme un enfant de neuf ou dix ans dévoré par un tempérament de feu peut voir ces choses dont tout le monde évite de lui dire le fin mot.

CHAPITRE 7

La famille était donc composée, à l'époque de la mort de ma mère, vers 1790, de MM. Gagnon père, soixante ans ; Romain Gagnon, son fils, vingt-cinq ; Séraphie, sa fille, vingt-quatre ; Elisabeth, sa sœur, soixante-quatre ; Chérubin Beyle, son gendre, quarante-trois ; Henri, son fils, sept ; Pauline, sa fille, quatre ; Zénaïde, sa fille, deux [1].

Voilà les personnages du triste drame de ma jeunesse, qui ne me rappelle presque que souffrances et profondes contrariétés morales. Mais voyons un peu le caractère de ces personnages.

Mon grand-père, Henri Gagnon (60 ans) ; sa fille Séraphie, ce diable femelle dont je n'ai jamais su l'âge, elle pouvait avoir 22 ou 24 ans ; sa sœur Elisabeth Gagnon (64 ans), grande femme maigre, sèche, avec une belle figure italienne, caractère parfaitement noble, mais noble avec les

1. Idée : Peut-être en ne corrigeant pas ce premier jet, parviendrai-je à ne pas mentir par vanité. Omar, 3 décembre 1835.

raffinements et les scrupules de conscience espagnols. Elle a à cet égard formé mon cœur et c'est à ma tante Élisabeth que je dois les abominables duperies de noblesse à l'espagnole dans lesquelles je suis tombé pendant des premiers trente ans de ma vie. Je suppose que ma tante Elisabeth, riche (pour Grenoble), était restée fille à la suite d'une passion malheureuse. J'ai appris quelque chose comme cela de la bouche de ma tante Séraphie dans ma première jeunesse.

La famille était enfin composée de mon père.

Joseph Chérubin Beyle, avocat au Parlement du pays, ultra et chevalier de la Légion d'honneur, adjoint au maire de Grenoble, mort en 1819, à soixante-douze ans, dit-on ; ce qui le suppose né en 1747. Il avait donc en 1790 quarante-trois ans.

C'était un homme extrêmement peu aimable, réfléchissant toujours à des acquisitions et à des ventes de domaines, excessivement fin, accoutumé à vendre aux paysans et à acheter d'eux, archi-Dauphinois. Il n'y avait rien de moins espagnol et de moins follement noble que cette âme-là, aussi était-il antipathique à ma tante Elisabeth. Il était de plus excessivement ridé et laid, et déconcerté et silencieux avec les femmes, qui pourtant lui étaient nécessaires.

Cette dernière qualité lui avait donné l'intelligence de la *Nouvelle Héloïse* et des autres ouvrages de Rousseau, dont il ne parlait qu'avec adoration, tout en le maudissant comme impie, car la mort de ma mère le jeta dans la plus haute et la plus absurde dévotion. Il s'imposa l'obligation de dire tous les offices d'un prêtre, il fut même question pendant trois ou quatre ans de son entrée dans les ordres, et probablement il fut retenu par le désir de me laisser sa place d'avocat ; il allait être *consistorial*, c'était une distinction noble parmi les avocats, dont il parlait comme un jeune lieutenant de grenadiers parle de la croix ; il ne m'aimait pas comme individu, mais comme fils devant continuer sa famille.

Il aurait été bien difficile qu'il m'aimât : 1°, il voyait clairement que je ne l'aimais point, jamais je ne lui parlais sans nécessité, car il était étranger à toutes ces belles idées littéraires et philosophiques qui faisaient la base de mes questions à mon grand-père et des excellentes réponses de ce vieillard aimable. Je le voyais fort peu. Ma passion pour quitter Grenoble, c'est-à-dire lui, et ma passion pour les mathématiques, seul moyen que j'avais de quitter cette ville que j'abhorrais et que je hais encore, car c'est là que j'ai appris à connaître les hommes, ma passion mathématique me jeta dans une profonde solitude de 1797 à 1799. Je puis dire avoir travaillé pendant ces deux années et même pendant une partie de 1796 comme Michel-Ange travailla à la Sixtine.

Depuis mon départ à la fin d'octobre 1799, je me souviens de la date parce que le 18 brumaire, 9 novembre, je me trouvais à Nemours, je n'ai été pour mon père qu'un demandeur d'argent, la froideur a sans cesse augmenté, il ne pouvait pas dire un mot qui ne me déplut. Mon horreur était de vendre un champ à un paysan en finassant pendant huit jours, à l'effet de gagner 300 francs, c'était là sa passion.

Rien de plus naturel. Son père, qui portait, je crois, le grand nom de *Pierre* Beyle, mourut de la goutte, à Claix, à l'improviste, à soixante-trois ans. Mon père à dix-huit ans (c'était donc vers 1765) se trouva avec un domaine à Claix rendant 800 ou 1.800 francs, c'est l'un des deux, une charge de procureur et dix sœurs à établir, une mère, riche héritière, c'est-à-dire ayant peut-être 60.000 francs et en sa qualité d'héritière ayant le diable au corps. Elle m'a encore longtemps souffleté dans mon enfance quand je tirais la queue à son chien Azor (chien de Bologne à longues soies blanches). L'argent fut donc, et avec raison, la grande pensée de mon père, et moi je n'y ai jamais songé qu'avec dégoût. Cette idée me représente des peines cruelles, car en avoir ne me fait aucun plaisir, en manquer est un vilain malheur.

Jamais peut-être le hasard n'a rassemblé deux êtres plus foncièrement antipathiques que mon père et moi.

De là l'absence de tout plaisir dans mon enfance, de 1790 à 1799. Cette saison, que tout le monde dit être celle des vrais plaisirs de la vie, grâce à mon père n'a été pour moi qu'une suite de douleurs amères et de dégoûts. Deux diables étaient déchaînés contre ma pauvre enfance, ma tante Séraphie et mon père qui dès 1791 devint son esclave.

Le lecteur peut se rassurer sur le récit de mes malheurs, d'abord il peut sauter quelques pages, parti que je le supplie de prendre, car j'écris à l'aveugle, peut-être des choses fort ennuyeuses même pour 1835, que sera-ce en 1880 ?

En second lieu, je n'ai presque aucun souvenir de la triste époque 1790-1795, pendant laquelle j'ai été un pauvre petit bambin persécuté, toujours grondé à tout propos, et protégé seulement par un sage à la Fontenelle qui ne voulait pas livrer bataille pour moi, et d'autant qu'en ces débats-là son autorité supérieure à tout lui commandait d'élever davantage la voix, or, c'est ce qu'il avait de plus en horreur ; et ma tante Séraphie, qui, je ne sais pourquoi, m'avait pris en guignon, le savait bien aussi.

Quinze ou vingt jours après la mort de ma mère, mon père et moi nous retournâmes coucher dans la triste maison, moi dans un petit lit vernissé fait en cage, placé dans l'alcôve de mon père. Il renvoya ses domestiques et mangea chez mon grand-père, qui jamais ne voulut entendre parler de pension. Je crois que c'est par intérêt pour moi que mon grand-père se donna ainsi la société habituelle d'un homme qui lui était antipathique.

Ils n'étaient réunis que par le sentiment d'une profonde douleur. A l'occasion de la mort de ma mère, ma famille rompit toutes ses relations de société, et pour comble d'ennui pour moi, elle a depuis constamment vécu isolée.

M. Joubert, mon pédant montagnard (on appelle cela à Grenoble *Bel*, ce qui veut dire un homme grossier né dans les montagnes de Gap), M. Joubert qui me montrait le latin, Dieu sait avec quelle sottise, en me faisant réciter les règles du rudiment, chose qui rebutait mon intelligence, et l'on m'en accordait beaucoup, mourut. J'allais prendre ses leçons sur la petite

Place Notre-Dame, je puis dire n'y avoir jamais passé sans me rappeler ma mère et la parfaite gaîté de la vie que j'avais menée de son temps. Actuellement, même mon bon grand-père en m'embrassant me causait du dégoût.

Le pédant Joubert à figure terrible me laissa en legs le second volume d'une traduction française de Quinte-Curce, ce plat Romain qui a écrit la vie d'Alexandre.

Cet affreux pédant, homme de cinq pieds six pouces, horriblement maigre, et portant une redingote noire, sale et déchirée, n'était cependant pas mauvais au fond.

Mais son successeur, M. l'abbé Raillanne, fut dans toute l'étendue du mot un noir coquin. Je ne prétends pas qu'il ait commis des crimes, mais il est difficile d'avoir une âme plus sèche, plus ennemie de tout ce qui est honnête, plus parfaitement dégagée de tout sentiment d'humanité. Il était prêtre, natif d'un village de Provence ; il était petit, maigre, très pincé, le teint vert, l'œil faux avec les sourcils abominables.

Il venait de finir l'éducation de Casimir et Augustin Périer et de leurs quatre ou six frères.

Casimir a été un ministre très célèbre et selon moi dupe de Louis-Philippe. Augustin, le plus emphatique des hommes, est mort pair de France. Scipion était mort un peu fou vers 1806[1]. Camille a été un plat préfet et vient d'épouser en secondes noces une femme fort riche[2], il est un peu fou comme tous ses frères. Joseph, mari d'une jolie femme extrêmement affectueuse et qui a eu des amours célèbres, a peut-être été le plus sage de tous. Un autre, Amédée, je crois, a peut-être volé au jeu vers 1815, aima mieux passer cinq ans à Sainte-Pélagie que payer.

Tous ces frères étaient fous au mois de mai, eh bien ! je crois qu'ils devaient départir cet avantage à notre commun précepteur, M. l'abbé Raillanne.

Cet homme par adresse ou par instinct de prêtre était ennemi juré de la logique et de tout raisonnement droit.

Mon père le prit apparemment par vanité. M. Périer milord, le père du ministre Casimir, passait pour l'homme le plus riche du pays. Dans le fait, il avait dix ou onze enfants et a laissé trois cent cinquante mille francs à chacun[3]. Quel honneur pour un avocat au Parlement de prendre

---

1. Scipion Périer est mort à Paris, en 1821. *Note de Colomb.*
2. Erreur, Mlle de Sahune n'a pas eu un sou de dot. *Note de Colomb.*
3. M. Périer a laissé dix enfants et 500.000 francs à chacun. *Note de Colomb.*

pour son fils le précepteur sortant de chez M. Périer !

Peut-être M. Raillanne fut-il renvoyé pour quelque méfait, ce qui me donne ce soupçon aujourd'hui c'est qu'il y avait encore dans la maison Périer trois enfants fort jeunes, Camille de mon âge, Joseph et Amédée, je crois beaucoup plus jeunes.

J'ignore absolument les arrangements financiers que mon père fit avec l'abbé Raillanne. Toute attention donnée aux choses d'argent était réputée vile et basse au suprême degré dans ma famille. Il y était en quelque sorte contre la pudeur de parler d'argent, l'argent était comme une triste nécessité de la vie et indispensable malheureusement, comme les lieux d'aisance, mais dont il ne fallait jamais parler. On parlait toutefois et par exception des sommes rondes que coûtait un immeuble, le mot immeuble était prononcé avec respect.

M. Bellier a payé son domaine de Voreppe 20.000 écus. Pariset coûte plus de 12.000 écus (de 3 livres) à notre cousin Colomb.

Cette répugnance, si contraire aux usages de Paris, de parler d'argent venait de je ne sais où et s'est complètement impatronisée dans mon caractère. La vue d'une grosse somme d'or ne réveille d'autre idée en moi que l'ennui de la garantir des voleurs, ce sentiment a souvent été pris pour de l'affectation, et je n'en parle plus.

Tout l'honneur, tous les sentiments élevés et fiers de la famille nous venaient de ma tante Elisabeth ; ces sentiments régnaient en despotes dans la maison, et toutefois elle en parlait fort rarement, peut-être une fois en deux ans ; en général, ils étaient amenés par un éloge de son père. Cette femme, d'une rare élévation de caractère, était adorée par moi, et pouvait avoir alors soixante-cinq ans, toujours mise avec beaucoup de propreté et employant à sa toilette fort modeste des étoffes chères. On conçoit bien que ce n'est qu'aujourd'hui et en y pensant que je découvre ces choses. Par exemple, je ne sais la physionomie d'aucun de mes parents et cependant j'ai présents leurs traits jusque dans le plus petit détail. Si je me figure un peu la physionomie de mon excellent grand-père, c'est à cause de la visite que je lui fis quand j'étais déjà auditeur ou adjoint aux commissaires des guerres ; j'ai perdu absolument l'époque de cette visite. J'ai été homme fort tard pour le caractère, c'est ainsi que j'explique aujourd'hui ce manque de mémoire pour les physionomies. Jusqu'à vingt-cinq ans, que dis-je, souvent encore il faut que je me tienne à deux mains pour n'être pas tout à la sensation produite par les objets et pouvoir les juger raisonnablement, avec mon expérience. Mais que diable est-ce que cela fait au lecteur ? Que lui fait tout cet ouvrage ? Et cependant, si je n'approfondis pas ce caractère de Henri, si difficile à connaître pour moi, je ne me conduis pas en honnête auteur cherchant à dire sur son sujet tout ce qu'il peut savoir. Je prie mon éditeur, si jamais j'en ai un, de couper ferme ces longueurs.

Un jour, ma tante Elisabeth Gagnon s'attendrit sur le souvenir de son frère, mort jeune à Paris ; nous étions seuls, une après-dînée, dans sa chambre sur la Grenette. Evidemment cette âme élevée répondait à ses pensées, et comme elle m'aimait m'adressait la parole pour la forme.

« ... Quel caractère ! (Ce qui voulait dire : quelle force de volonté.) Quelle activité ! Ah ! quelle différence ! » (Cela voulait dire : quelle différence avec *celui-ci*, mon grand-père, Henri Gagnon). Et aussitôt, se reprenant et songeant devant qui elle parlait, elle ajouta : *Jamais je n'en ai tant dit.* »

Moi : « Et à quel âge est-il mort ? »
Mlle *Elisabeth* : « A vingt-trois ans. »
Le dialogue dura longtemps ; elle vint

à parler de son père. Parmi cent détails, de moi oubliés, elle dit :

« A telle époque, *il pleurait de rage en apprenant que l'ennemi s'approchait de Toulon.* »

(Mais quand l'ennemi s'est-il approché de Toulon ? Vers 1736, peut-être dans la guerre marquée par la bataille de *l'Assiette*, dont je viens de voir en 34 une gravure intéressante par la *vérité*.)

Il aurait voulu que la milice marchât. Or, rien au monde n'était plus opposé aux sentiments de mon grand-père Gagnon, véritable Fontenelle, l'homme le plus spirituel et le moins patriote que j'aie jamais connu. Le patriotisme aurait distrait bassement mon grand-père de ses idées élégantes et littéraires. Mon père aurait calculé sur-le-champ ce qu'il pouvait lui rapporter. Mon oncle Romain aurait dit d'un air alarmé : « Diable ! cela peut me faire courir quelque danger. » Le cœur de ma vieille tante et le mien auraient palpité d'intérêt.

Peut-être j'avance un peu les choses à mon égard et j'attribue à sept ou huit ans les sentiments que j'eus à neuf ou dix. Il est impossible pour moi de distinguer sur les mêmes choses les sentiments de deux époques antiques.

Ce dont je suis sûr, c'est que le portrait

sérieux et rébarbatif de mon grand-père[1] dans son cadre doré à grandes rosaces d'un demi-pied de large, qui me faisait presque peur, me devint cher et sacré dès que j'eus appris les sentiments courageux et généreux que lui avaient inspiré les ennemis s'approchant de Toulon.

1. Il s'agit en réalité de l'arrière-grand-père de H. Beyle. N. D. L. E.

CHAPITRE 8

A CETTE occasion, ma tante Elisabeth me raconta que mon grand-père [1] était né à Avignon, ville de Provence, pays *où venaient les oranges*, me dit-elle avec l'accent du regret, et beaucoup plus rapprochée de Toulon que Grenoble. Il faut savoir que la grande magnificence de la ville c'étaient soixante ou quatre-vingts orangers en caisse, provenant peut-être du connétable de Lesdiguières, le dernier grand personnage produit par le Dauphiné, lesquels, à l'approche de l'été, étaient placés avec grande pompe dans les environs de la magnifique allée des Marronniers, plantée aussi, je crois, par Lesdiguières. « Il y a donc un pays où les orangers viennent en pleine terre », dis-je à ma tante ? Je comprends aujourd'hui que, sans le savoir, je lui rappelais l'objet éternel de ses regrets.

Elle me raconta que nous étions originaires d'un pays encore plus beau que la

[1]. Son arrière-grand-père, N. D. L. E.

Provence (nous, c'est-à-dire les Gagnon), que le grand-père de son grand-père, à la suite d'une circonstance bien funeste, était venu se cacher à Avignon à la suite d'un pape ; que là il avait été obligé de changer un peu son nom et de se cacher, qu'alors il avait vécu du métier de chirurgien.

Avec ce que je sais de l'Italie aujourd'hui, je traduirais ainsi : qu'un M. Guadagni ou Guadanianno, ayant commis quelque petit assassinat en Italie, était venu à Avignon, vers 1650, à la suite de quelque légat. Ce qui me frappa beaucoup alors, c'est que nous étions venus (car je me regardais comme Gagnon et je ne pensais jamais aux Beyle qu'avec une répugnance qui dure encore en 1835), que nous étions venus d'un pays où les orangers croissent en pleine terre. Quel pays de délices, pensais-je !

Ce qui me confirmerait dans cette idée d'origine italienne, c'est que la langue de ce pays était en grand honneur dans la famille, chose bien singulière dans une famille bourgeoise de 1780. Mon grand-père savait et honorait l'italien, ma pauvre mère lisait le Dante, chose fort difficile même de nos jours ; M. Artaud, qui a passé vingt ans en Italie et qui vient d'imprimer une traduction de Dante, ne met pas moins de deux contre-sens et d'une absurdité par page. De tous les Français de ma connaissance, deux seuls : M. Fauriel, qui m'a donné les histoires d'amour arabes, et M. Delécluze, des *Débats*, comprennent le Dante, et cependant tous les écrivailleurs de Paris gâtent sans cesse ce grand nom en le citant et prétendant l'expliquer. Rien ne m'indigne davantage.

Mon respect pour le Dante est ancien, il date des exemplaires que je trouvai dans le rayon de la bibliothèque paternelle occupé par les livres de ma pauvre mère et qui faisaient ma seule consolation pendant la *tyrannie Raillan e*.

Mon horreur pour le métier de cet homme et pour ce qu'il enseignait par métier arriva à un point qui frise la manie.

Croirait-on que, hier encore, 4 décembre 1835, venant de Rome à Civita-Vecchia, j'ai eu l'occasion de rendre sans me gêner un fort grand service à une jeune femme que je ne soupçonne pas fort cruelle. En route, elle a découvert mon nom malgré moi, elle était porteur d'une lettre de recommandation pour mon secrétaire. Elle a des yeux fort beaux et ces yeux m'ont regardé sans cruauté pendant les huit dernières lieues du voyage. Elle m'a prié de lui chercher un logement peu cher ; enfin il ne tenait probablement qu'à moi d'en être bien traité ; mais, comme j'écris ceci depuis huit jours, le fatal souvenir de M. l'abbé Raillanne était réveillé. Le nez aquilin, mais un peu trop petit, de cette jolie Lyonnaise, Mme..., m'a rappelé celui de l'abbé, dès lors il m'a été impossible même de la regarder, et j'ai fait semblant de dormir en voiture. Même, après l'avoir fait embarquer par grâce et moyennant huit écus au lieu de vingt-cinq, j'hésitais à aller voir le nouveau lazaret pour n'être pas obligé de la voir et de recevoir ses remerciements.

Comme il n'y a aucune consolation,

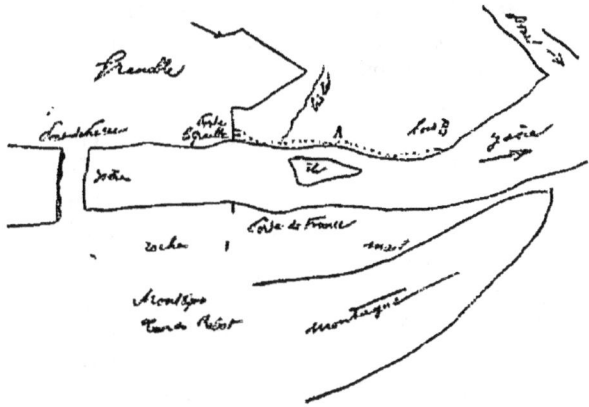

rien que de laid et de sale dans les souvenirs de l'abbé Raillanne, depuis vingt ans au moins je détourne les yeux avec horreur du souvenir de cette terrible époque. Cet homme aurait dû faire de moi un coquin, c'était, je le vois maintenant, un parfait jésuite, il me prenait à part dans nos promenades le long de l'Isère, de la porte de la Graille à l'embouchure du Drac, ou simplement à un petit bois au delà du travers de l'Ile A pour m'expliquer que j'étais imprudent en paroles : « Mais, Monsieur, lui disais-je en d'autres termes, c'est vrai, c'est ce que je sens.

— N'importe, mon petit ami, il ne faut pas le dire, cela ne convient pas. » Si ces maximes eussent pris, je serais riche aujourd'hui, car trois ou quatre fois la fortune a frappé à ma porte. (J'ai refusé en mai 1814, la direction générale des subsistances (blé) de Paris, sous les ordres de M. le comte Beugnot, dont la femme avait pour moi la plus vive amitié ; après son amant, M. Pépin de Belle-Isle, mon ami intime, j'étais peut-être ce qu'elle aimait le mieux.) Je serais donc riche, mais je serais un coquin, je n'aurais pas les charmantes visions du *beau*, qui souvent remplissent ma tête à mon âge de *fifty two*.

Le lecteur croit peut-être que je cherche à éloigner cette coupe fatale d'avoir à parler de l'abbé Raillanne.

Il avait un frère tailleur au bout de la

Grande-Rue près la place Claveyson, qui était l'ignoble en personne. Une seule disgrâce manquait à ce jésuite, il n'était pas sale, mais au contraire fort soigné et fort propre. Il avait le goût des serins des Canaries, il les faisait nicher et les tenait fort proprement, mais à côté de mon lit.

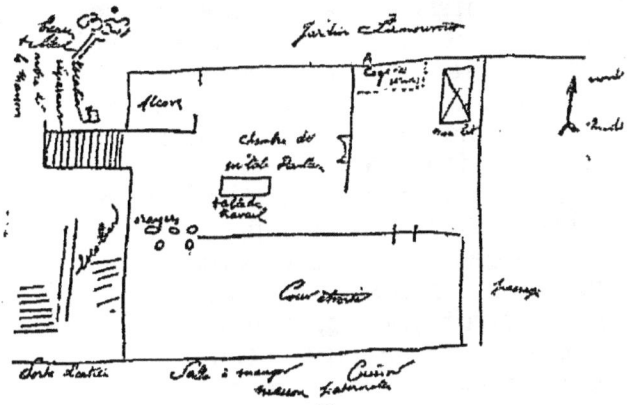

Je ne conçois pas comment mon père souffrait une chose aussi peu saine.

Mon grand-père n'était jamais remonté dans la maison après la mort de sa fille, il ne l'eût pas souffert, lui ; mon père Chérubin Beyle, comme je l'ai dit, m'aimait comme le soutien de son nom, mais nullement comme fils.

La cage des serins, en fils de fer attachés

à des montants en bois, eux-mêmes attachés au mur par des happes à plâtre, pouvait avoir neuf pieds de long, six de haut, et quatre de profondeur. Dans cet espace voltigeaient tristement, loin du soleil, une trentaine de pauvres serins de toutes couleurs. Quand ils nichaient, l'abbé les nourrissait avec des jaunes d'œuf, et de tout ce qu'il faisait cela seul m'intéressait. Mais ces diables d'oiseaux me réveillaient au point du jour, bientôt après j'entendais la pelle de l'abbé qui arrangeait son feu avec un soin que j'ai reconnu plus tard appartenir aux jésuites. Mais cette volière produisait beaucoup d'odeur, et à deux pieds de mon lit et dans une chambre humide, obscure, où le soleil ne donnait jamais. Nous n'avions pas de fenêtre sur le jardin Lamouroux, seulement un *jour de souffrance* (les villes de parlement sont remplies de mots de droit) qui donnait une brillante lumière à l'escalier L, ombragé par un beau tilleul, quoique l'escalier fût au moins à quarante pieds de terre. Ce tilleul devait être fort grand.

L'abbé se mettait en colère calme, sombre et méchante d'un diplomate flegmatique, quand je mangeais le pain sec de mon goûter près de ses orangers. Ces orangers étaient une véritable manie, bien plus incommode encore que celle des oiseaux. Ils avaient les uns trois pouces et les autres un pied de haut, ils étaient placés sur la fenêtre O, à laquelle le soleil atteignait un peu pendant deux mois d'été. Le fatal abbé prétendait que les miettes qui tombaient de notre pain bis attiraient les mouches, lesquelles mangeaient ses orangers. Cet abbé aurait donné des leçons de petitesse aux bourgeois les plus bourgeois, les plus *patets* de la ville (Patet, prononcez : *patais*, extrême attention donnée aux plus petits intérêts).

Mes compagnons, MM. Chazel et Reytiers[1], étaient bien moins malheureux que moi. Chazel était un bon garçon déjà grand, dont le père, méridional je crois, ce qui veut dire homme franc, brusque, grossier, et commis-commissionnaire de MM. Périer, ne tenait pas beaucoup au latin. Il venait *seul* (sans domestique) vers les dix heures, faisait mal son *devoir* latin et filait à midi et demi, souvent il ne venait pas le soir.

Reytiers, extrêmement joli garçon, blond et timide comme une demoiselle, n'osait pas regarder en face le terrible abbé Raillanne. Il était fils unique d'un père le plus timide des hommes et le plus religieux.

1. Teisseire.

Il arrivait dès huit heures, sous la garde sévère d'un domestique qui venait le reprendre comme midi sonnait à Saint-André (église à la mode de la ville, dont nous entendions fort bien les cloches). Dès deux heures, le domestique ramenait Reytiers avec son goûter dans un panier. En été, vers cinq heures M. Raillanne nous menait promener, en hiver rarement, et alors c'était vers les trois heures. Chazel, qui était un *grand*, s'ennuyait de la promenade et nous quittait bien vite.

Nous ambitionnions beaucoup aller du côté de l'île de l'Isère, d'abord la montagne vue de là a un aspect délicieux, et l'un des défauts *littéraires* de mon père et de M. Raillanne était d'exagérer sans cesse les beautés de la nature (que ces belles âmes devaient bien peu sentir ; ils ne pensaient qu'à gagner de l'argent). A force de nous parler de la beauté du rocher de la Buisserate, M. l'abbé Raillanne nous avait fait lever la tête. Mais c'était un bien autre objet qui nous faisait aimer le rivage près l'île. Là nous voyions, nous autres pauvres prisonniers, des jeunes gens qui *jouissaient de la liberté*, allaient et venaient *seuls* et après se baignaient dans l'Isère et un ruisseau affluent nommé la Biole. Excès de bonheur dont nous n'apercevions pas même la possibilité dans le lointain le plus éloigné.

M. Raillanne, comme un vrai journal ministériel de nos jours, ne savait nous parler que des dangers de la liberté. Il ne voyait jamais un enfant se baignant sans nous prédire qu'il finirait par se noyer, nous rendant ainsi le service de faire de nous des lâches, et il a parfaitement réussi à mon égard. Jamais je n'ai pu apprendre à nager. Quand je fus libre, deux ans après, vers 1795, je pense, et encore en trompant mes parents et faisant chaque jour un nouveau mensonge, je songeais déjà à quitter Grenoble, à quelque prix que ce fût, j'étais amoureux de Mlle Cubly, et la nage n'était plus un objet assez intéressant pour moi pour l'apprendre. Toutes les fois que je me mettais à l'eau, Roland (Alphonse), ou quelque autre *fort* me faisait boire.

Je n'ai point de dates pendant l'affreuse tyrannie Raillanne ; je devins sombre et haïssant tout le monde. Mon grand malheur était de ne pouvoir jouer avec d'autres enfants ; mon père, probablement très fier d'avoir un précepteur pour son fils, ne craignait rien à l'égal de me voir *aller avec des enfants du commun*, telle était la locution des aristocrates de ce temps-là. Une seule chose pourrait me fournir une date : Mlle Marine Périer (sœur du ministre

Casimir Périer) vint voir M. Raillanne, qui peut-être était son confesseur, peu de temps avant son mariage avec ce fou de Camille Teisseire, patriote enragé qui plus tard a brûlé ses exemplaires de Voltaire et de Rousseau, qui, en 1811, lui étant sous-préfet par la grâce de M. Crétet, son cousin, fut si stupéfait de la faveur dont il me vit jouir dans le salon de madame la comtesse Daru (au rez-de-chaussée sur le jardin de l'hôtel de Biron, je crois, hôtel de la Liste civile, dernière maison à gauche de la rue Saint-Dominique, au coin du boulevard des Invalides). Je vois encore sa mine envieuse et la gaucherie de sa politesse à mon égard. Camille Teisseire s'était enrichi, ou plutôt son père s'était enrichi en fabriquant du *ratafia de cerises*, ce dont il avait une grande honte.

En faisant rechercher dans les actes de l'état-civil de Grenoble (que Louis XVIII appelait Grelibre) l'acte de mariage de M. Camille Teisseire (rue des Vieux-Jésuites ou place Grenette, car sa vaste maison avait deux entrées) avec Mlle Marine Périer, j'aurais la date de la tyrannie Raillanne.

J'étais sombre, sournois, mécontent, je traduisais Virgile, l'abbé m'exagérait les beautés de ce poète et j'accueillais ses louanges comme les pauvres Polonais d'aujourd'hui doivent accueillir les louanges de la bonhomie russe dans leurs gazettes vendues ; je haïssais l'abbé, je haïssais mon père, source des pouvoirs de l'abbé, je haïssais encore plus la religion au nom de laquelle il me tyrannisait. Je prouvais à mon compagnon de chaîne, le timide Reytiers, que toutes les choses qu'on nous apprenait étaient des contes. Où avais-je pris ces idées ? Je l'ignore. Nous avions une grande bible à estampes reliée en vert, avec des estampes gravées sur bois et insérées dans le texte, rien n'est mieux pour les enfants. Je me souviens que je cherchais sans cesse des ridicules à cette pauvre bible. Reytiers, plus timide, plus croyant, adoré par son père et par sa mère, qui mettait un pied de rouge et avait été une beauté, admettait mes doutes par complaisance pour moi.

Nous traduisions donc Virgile à grand'-peine, lorsque je découvris dans la bibliothèque de mon père une traduction de Virgile en quatre volumes in-huit fort bien reliés, par ce *coquin* d'abbé Desfontaines, je crois. Je trouvai le volume correspondant aux Géorgiques et au second livre que nous écorchions (réellement nous ne savions pas du tout le latin). Je cachai ce bienheureux volume aux lieux d'aisance, dans une armoire où l'on déposait les plumes des chapons consommés à la maison ; et là, deux ou trois fois pendant notre pénible *version*, nous allions consulter celle de Desfontaines. Il me semble que l'abbé s'en aperçut par la débonnaireté de Reytiers, ce fut une scène abominable. Je devenais de plus en plus sombre, méchant, malheureux. J'exécrais tout le monde et ma tante Séraphie superlativement.

Un an après la mort de ma mère, vers 1791 ou 1792, il me semble aujourd'hui que mon père en devint amoureux, de là d'interminables promenades aux *Granges*, où l'on me prenait en tiers en prenant la précaution de me faire marcher à quarante pas en avant, dès que nous avions passé la porte de Bonne. Cette tante Séraphie m'avait pris en grippe, je ne sais pourquoi, et me faisait sans cesse gronder par mon père. Je les exécrais, et il devait y paraître puisque même aujourd'hui quand j'ai de l'éloignement pour quelqu'un, les personnes présentes s'en aperçoivent sur-le-champ. Je détestais ma sœur cadette, Zénaïde (aujourd'hui Mme Alexandre Mallein), parce qu'elle était chérie par mon père, qui chaque soir l'endormait sur ses genoux, et hautement protégée par Mlle Séraphie. Je couvrais les plâtres de la maison (et particulièrement des gippes) de caricatures[1] contre Zénaïde *rapporteuse*. Ma sœur Pauline (aujourd'hui Mme veuve Périer-Lagrange) et moi accusions Zénaïde de jouer auprès de nous le rôle d'espion, et je crois bien qu'il en était quelque chose. Je dinais toujours chez mon grand-père, mais nous avions fini de dîner comme une heure un quart sonnait à Saint-André, et à deux heures il fallait quitter le beau soleil de la place Grenette pour les chambres humides et froides que l'abbé Raillanne occupait sur la cour de la maison paternelle, rue des Vieux-Jésuites. Rien n'était plus pénible pour moi ; comme j'étais sombre et sournois, je faisais des projets de m'enfuir, mais où prendre de l'argent ?

Un jour, mon grand-père dit à l'abbé Raillanne :

« Mais, monsieur, pourquoi enseigner à cet enfant le système céleste de Ptolémée, que vous savez être faux ?

— Mais il explique tout, et, d'ailleurs, est approuvé par l'Eglise. »

Mon grand-père ne put digérer cette réponse et souvent la répétait, mais en riant ; il ne s'indignait jamais contre

---

[1]. Je me rappelle d'une fort plaisante. Z était représentée dévidant du fil placé sur un tour ; elle y était dessinée en pieds, assez grotesquement, avec cette devise au bas : « *Zénaïde, jalousie rapportante, Caroline Beyle.* » *Note de Colomb.*

ce qui dépendait des autres, or mon éducation dépendait de mon père, et moins M. Gagnon avait d'estime pour son savoir, plus il respectait ses droits de père.

Mais cette réponse de l'abbé, souvent répétée par mon grand-père que j'adorais, acheva de faire de moi un impie forcené et d'ailleurs l'être le plus sombre. Mon grand-père savait l'astronomie, quoiqu'il ne comprît rien au calcul ; nous passions les soirées d'été sur la magnifique terrasse de son appartement, là il me montrait la grande et la petite Ourse et me parlait poétiquement des bergers de la Chaldée et d'Abraham. Je pris ainsi de la considération pour Abraham, et je dis à Reytiers : Ce n'est pas un coquin comme ces autres personnages de la Bible.

Mon grand-père avait à lui, ou emprunté à la bibliothèque publique, dont il avait été le promoteur, un exemplaire in-4º du voyage de *Bruce en Nubie et Abyssinie*. Ce voyage avait des gravures, de là son influence immense sur mon éducation.

J'exécrais tout ce que m'enseignaient mon père et l'abbé Raillanne. Or, mon père me faisait réciter par cœur la géographie de *Lacroix*, l'abbé avait continué ; je la savais bien, par force, mais je l'exécrais.

Bruce, descendant des rois d'Ecosse, me disait mon excellent grand-père, me donna un goût vif pour toutes les sciences dont il parlait. De là mon amour pour les mathématiques et enfin cette idée, j'ose dire de génie : *Les mathématiques peuvent me faire sortir de Grenoble.*

CHAPITRE 9

Malgré toute sa finesse dauphinoise, mon père Chérubin Beyle, était un homme passionné. A sa passion pour Bourdaloue et Massillon avait succédé la passion de l'agriculture, qui, dans la suite, fut renversée par l'amour de la truelle (ou de la bâtisse), qu'il avait toujours eu, et enfin par l'ultracisme et la passion d'administrer la Ville de Grenoble au profit des Bourbons. Mon père rêvait nuit et jour à ce qui était l'objet de sa passion, il avait beaucoup de finesse, une grande expérience des finasseries des autres Dauphinois, et je concluerais assez volontiers de tout cela qu'il avait du talent. Mais je n'ai pas plus d'idée de cela que de sa physionomie.

Mon père se mit à aller deux fois la semaine à Claix ; c'est un domaine (terme du pays qui veut dire une petite terre) de cent cinquante arpents, je crois, situé au midi de la ville, sur le penchant de la montagne, au delà du Drac. Tout le terrain de Claix et de Furonières est sec, calcaire, rempli de pierres. Un curé libertin inventa, vers 1750, de cultiver le *marais* au cou-

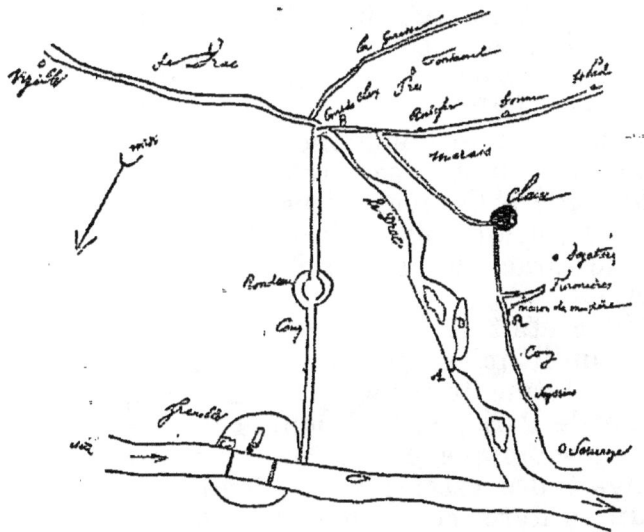

A. Pont en fil de fer établi vers 1826. — B. Pont de Claix fort remarquable en plein cintre. — C. Citadelle. — G. Place Grenette. — D. Roches de Comboire a pic sur le Drac lequel est fort rapide, rochers et bois remplis de renards. — R. Maison de campagne qui joua le plus grand rôle dans mon enfance, que j'ai revue en 1828, vendue à un général.

chant du pont de Claix ; ce marais a fait la fortune du pays.

La maison de mon père était à deux lieues de Grenoble, j'ai fait ce trajet, à pied, mille fois peut-être. C'est sans doute à cet exercice que mon père a dû une santé parfaite qui l'a conduit jusqu'à soixante-douze ans, je pense. Un bourgeois, à Grenoble, n'est considéré qu'autant qu'il a un domaine. Lefèvre, le perruquier de mon père, avait un domaine à Corenc et manquait souvent sa pratique, *parce qu'il était allé* à Corenc, excuse toujours bien reçue. Quelquefois nous abrégions en passant le Drac au bac de Seyssins, au point A.

Mon père était si rempli de sa passion nouvelle qu'il m'en parlait sans cesse. *Il fit venir* (terme du pays, apparemment), il fit venir de Paris, ou de Lyon, la Bibliothèque agronomique ou économique, laquelle avait des estampes ; je feuilletais beaucoup ce livre, ce qui me valut d'aller souvent à Claix (c'est-à-dire à notre maison de Furonières) les jeudis, jours de congé. Je promenais avec mon père dans les champs, et j'écoutais de mauvaise grâce l'exposé de ses projets, toutefois le plaisir d'avoir quelqu'un pour écouter ces romans qu'il appelait des calculs fit que plusieurs fois je ne revenais à la ville que le vendredi, quelquefois nous partions dès le mercredi soir.

Claix me déplaisait parce que j'y étais toujours assiégé de projets d'agriculture ;

mais bientôt je découvris une grande compensation. Je trouvai moyen de voler des volumes de Voltaire dans l'édition des quarante volumes *encadrés* que mon père avait à Claix (son domaine) et qui était parfaitement reliée, en veau imitant le marbre. Il y avait quarante volumes, je pense, fort serrés, j'en prenais deux et écartais un peu tous les autres, il n'y paraissait pas. D'ailleurs, ce livre dangereux avait été placé au rayon le plus élevé de la belle bibliothèque, en bois de cerisier et glaces, laquelle était souvent fermée à clef.

Par la grâce de Dieu, même à cet âge les gravures me semblaient ridicules, et quelles gravures ! Celles de la *Pucelle*.

Ce miracle me ferait presque croire que Dieu m'avait destiné à avoir bon goût et à écrire un jour l'*Histoire de la peinture en Italie*.

Nous passions toujours les *féries* à Claix, c'est-à-dire les mois de septembre et d'août. Mes maîtres se plaignaient que j'oubliais tout mon latin pendant ce temps de plaisir. Rien ne m'était si odieux que quand mon père appelait nos courses à Claix *nos plaisirs*. J'étais comme un galérien que l'on forcerait à appeler *ses plaisirs* un système de chaînes un peu moins pesantes que les autres.

J'étais outré et, je pense, fort méchant et fort injuste envers mon père et l'abbé Raillanne. J'avoue, mais c'est avec un grand effort de raison, même en 1835, que je ne puis juger ces deux hommes. Ils ont empoisonné mon enfance dans toute l'énergie du mot empoisonnement. Ils avaient des visages sévères et m'ont constamment empêché d'échanger un mot avec un enfant de mon âge. Ce n'est qu'à l'époque des Ecoles Centrales (admirable ouvrage de M. de Tracy) que j'ai débuté dans la société des enfants de mon âge. Mais non pas avec la gaieté et l'insouciance de l'enfance, j'y suis arrivé sournois, méchant, rempli d'idées de vengeance pour le moindre coup de poing, qui me faisait l'effet d'un soufflet entre hommes, en un mot tout, excepté traître.

Le grand mal de la tyrannie Raillanne, c'est que je sentais mes maux. Je voyais sans cesse passer sur la Grenette des enfants de mon âge qui allaient *ensemble* se promener et courir, or c'est ce qu'on ne m'a pas permis une seule fois. Quand je laissais entrevoir le chagrin qui me dévorait, on me disait : « Tu monteras en voiture », et Mme Périer-Lagrange (mère de mon beau-frère), figure des plus tristes, me prenait dans sa voiture quand elle allait faire une promenade de santé, elle me grondait au moins autant que l'abbé Raillanne, elle était sèche et dévote et avait comme l'abbé une de ces figures inflexibles qui ne rient jamais. Quel équivalent pour une promenade avec de petits polissons de mon âge ! Qui le croirait, je n'ai jamais joué aux *gobilles* (billes) et je n'ai eu de toupie qu'à l'intercession de mon grand-père, auquel pour ce sujet sa fille Séraphie fit *une scène.*

J'étais donc fort sournois, fort méchant, lorsque dans la belle bibliothèque de Claix je fis la découverte d'un Don Quichotte français. Ce livre avait des estampes, mais il avait l'air vieux, et j'abhorrais tout ce qui était vieux, car mes parents m'empêchaient de voir les jeunes et ils me semblaient extrêmement vieux. Mais enfin, je sus comprendre les estampes, qui me semblaient plaisantes : Sancho Pança monté sur son bon biquet est soutenu par quatre piquets, Ginès de Passamone a enlevé l'âne.

Don Quichotte me fit mourir de rire.

Qu'on daigne réfléchir que depuis la mort de ma pauvre mère je n'avais pas ri, j'étais victime de l'éducation aristocratique et religieuse la plus suivie. Mes tyrans ne s'étaient pas démentis un moment. On refusait toute invitation. Je surprenais souvent des discussions dans lesquelles mon grand-père était d'avis qu'on me permît d'accepter. Ma tante Séraphie faisait opposition en termes injurieux pour moi, mon père qui lui était soumis faisait à mon grand-père des réponses jésuitiques que je savais bien n'engager à rien. Ma tante Elisabeth haussait les épaules. Quand un projet de promenade avait résisté à une telle discussion, mon père faisait intervenir l'abbé Raillanne pour un devoir dont je ne m'étais pas acquitté la veille et qu'il fallait faire précisément au moment de la promenade.

Qu'on juge de l'effet de Don Quichotte au milieu d'une si horrible tristesse ! La découverte de ce livre, lu sous le second tilleul de l'allée du côté du parterre, dont le terrain s'enfonçait d'un pied, et là je m'asseyais, est peut-être la plus grande époque de ma vie.

Qui le croira ? mon père, me voyant pouffer de rire, venait me gronder, me menaçait de me retirer le livre, ce qu'il fit plusieurs fois, et m'emmenait dans ses champs pour m'expliquer ses projets de *réparations* (bonifications, amendements).

Troublé, même dans la lecture de Don Quichotte, je me cachai dans les charmilles,

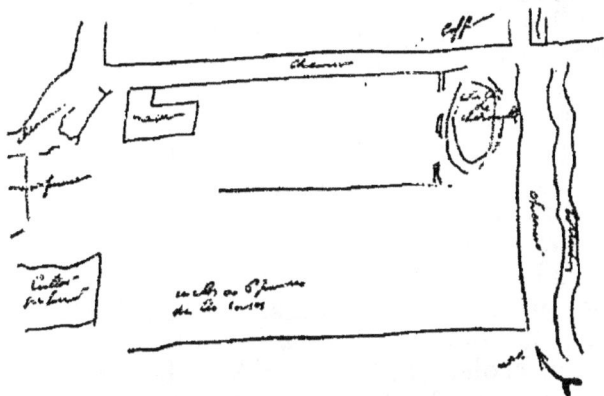

petite salle de verdure à l'extrémité orientale du *clos* (petit parc), enceinte de murs.

Je trouvai un Molière avec estampes, les estampes me semblaient ridicules et je ne compris que l'*Avare*. Je trouvai les comédies de Destouches, et l'une des plus ridicules m'attendrit jusqu'aux larmes. Il y avait une histoire d'amour mêlé de générosité, c'était là mon faible. C'est en vain que je cherche dans ma mémoire le titre de cette comédie, inconnue même parmi les comédies inconnues de ce plat diplomate. *Le Tambour nocturne*, où se trouve une idée copiée de l'anglais, m'amusa beaucoup.

Je trouve comme fait établi dans ma tête que dès l'âge de sept ans j'avais résolu de faire des comédies comme Molière. Il n'y a pas dix ans que je me souvenais encore du *comment* de cette résolution.

Mon grand-père fut charmé de mon enthousiasme pour Don Quichotte que je lui racontai, car je lui disais tout à peu près, cet excellent homme de soixante-cinq ans était dans le fait mon seul camarade.

Il me prêta, mais à l'insu de sa fille Séraphie, le *Roland furieux*, traduit ou plutôt, je crois, imité de l'Arioste par M. de Tressan (dont le fils, aujourd'hui maréchal de camp, et en 1820, ultra assez plat, mais, en 1788, jeune homme charmant, avait tant contribué à me faire apprendre à lire en me promettant un petit livre plein d'images qu'il ne m'a jamais donné, manque de parole qui me choqua beaucoup).

L'Arioste forma mon caractère, je devins amoureux fou de Bradamante, que je me figurais une grosse fille de vingt-quatre ans avec des appas de la plus éclatante blancheur.

J'avais en horreur tous les détails bourgeois et bas qui ont servi à Molière pour faire connaître sa pensée. Ces détails me rappelaient trop ma malheureuse vie. Il n'y a pas trois jours (décembre 1835), que deux bourgeois de ma connaissance, allant donner entre eux une scène comique de petite dissimulation et de demi-dispute, j'ai fait dix pas pour ne pas entendre. J'ai horreur de ces choses-là, ce qui m'a empêché de prendre de l'expérience. Ce n'est pas *un petit malheur*.

Tout ce qui est bas et plat dans le genre bourgeois me rappelle Grenoble, tout ce qui me rappelle Grenoble me fait horreur, non, *horreur* est trop noble, *mal au cœur*.

Grenoble est pour moi comme le souvenir d'une abominable indigestion ; il n'y a pas de danger, mais un effroyable dégoût. Tout ce qui est bas et plat sans compensation, tout ce qui est ennemi du moindre mouvement généreux, tout ce qui se réjouit du malheur de qui aime la patrie ou est généreux, voilà Grenoble pour moi.

Rien ne m'a étonné dans mes voyages comme d'entendre dire par des officiers de ma connaissance que Grenoble était une ville charmante, pétillante d'esprit et où *les jolies femmes ne s'oubliaient pas*. La première fois que j'entendis ce propos, ce fut à table, chez le général Moncey (aujourd'hui maréchal, duc de Conegliano), en 1802, à Milan ou à Crémone ; je fus si étonné que je demandai des détails d'un côté de la table à l'autre ; alors sous-lieutenant *riche*, cent cinquante francs par mois, je ne doutais de rien. Mon exécration pour l'état de mal au cœur et d'indigestion continue auquel je venais seulement d'échapper était au comble. L'officier d'Etat-major soutint fort bien son dire, il avait passé quinze ou dix-huit mois à Grenoble, il soutenait que c'était la ville la plus agréable de la province, il me cita mesdames Menand-Dulauron, Piat-Desvials, Tournus, Duchamps, de Montmaure, les demoiselles Rivière (filles de l'aubergiste, rue Montorge), les demoiselles Bailly, marchandes de mode, amies de mon oncle, messieurs Drevon, Drevon l'aîné, et Drevon la Pareille, M. Dolle de la Porte-de-France, et, pour la société aristocrate (mot de 1800, remplacé par *ultra*, puis par légitimiste), M. le chevalier de Marcieu, M. de Bailly.

Hélas ! à peine avais-je entendu prononcer ces noms aimables, mes parents ne les rappelaient que pour déplorer leur folie, car ils blâmaient tout, ils *avaient la jaunisse*, il faut le répéter pour expliquer mon malheur d'une façon raisonnable. A la mort de ma mère, mes parents désespérés avaient rompu toute relation avec le monde ; ma mère était l'âme et la gaîté de la famille, mon père, sombre, timide, rancunier, peu aimable, avait le caractère de Genève (on y calcule et jamais on n'y rit) et n'avait, ce me semble, jamais eu de relations qu'à cause de ma mère. Mon grand-père, homme aimable, homme du monde, l'homme de la ville dont la conversation était le plus recherchée par tous, depuis l'artisan jusqu'au grand seigneur, depuis Mme Barthélemy, cordonnière, femme d'esprit, jusqu'à M. le baron des Adrets, chez qui il continua à dîner une fois par mois, percé jusqu'au fond du cœur par la mort du seul être qu'il aimât et se voyant arrivé à soixante ans, avait rompu avec le monde par dégoût de la vie. Ma seule tante Elisabeth, indépendante et même riche (de la richesse de Grenoble en 1789), avait conservé des maisons où elle allait faire sa partie le soir (l'avant-souper, de 7 heures à 9). Elle sortait ainsi deux ou trois fois la semaine et quelquefois, quoique remplie de respect pour les droits paternels, par pitié pour moi, quand mon père était à Claix, elle prétendait avoir besoin de moi et m'emmenait, comme son chevalier, chez Mlle Simon, dans la maison neuve des Jacobins, laquelle mettait un pied de rouge. Ma bonne tante me fit même assister à un grand souper donné par Mlle Simon. Je me souviens encore de l'éclat des lumières et de la magnificence du service ; il y eut au milieu de la table un surtout avec des statues d'argent. Le lendemain, ma tante Séraphie me dénonça à mon père et il y eut une scène. Ces disputes, fort polies dans la forme, mais où l'on se disait de ces mots piquants qu'on n'oublie pas, faisaient le seul amusement de cette famille morose où mon mauvais sort m'avait jeté. Combien j'enviais le neveu de madame Barthélemy ; notre cordonnière !

Je souffrais, mais je ne voyais point les causes de tout cela, j'attribuais tout à la méchanceté de mon père et de Séraphie. Il fallait, pour être juste, voir des bourgeois bouffis d'orgueil et qui veulent donner à leur *unique fils*, comme ils m'appelaient, une éducation aristocratique. Ces idées étaient bien au-dessus de mon âge, et d'ailleurs qui me les aurait données ? Je n'avais pour amis que Marion la cuisinière et Lambert le valet de chambre de mon grand-père, et sans cesse, m'entendant rire à la cuisine avec eux, Séraphie me rappelait. Dans leur humeur noire, j'étais leur unique occupation, ils décoraient cette vexation du nom d'éducation et probablement étaient de bonne foi. Par ce contact continuel, mon grand-père me communiqua sa vénération pour les lettres. Horace et Hippocrate étaient bien d'autres hommes, à mes yeux, que Romulus, Alexandre et Numa. M. de Voltaire était bien un autre homme que cet imbécile de Louis XVI dont il se moquait ou ce roué de Louis XV, dont il réprouvait les mœurs sales ; il nommait avec dégoût *la* Du Barry, et l'absence du mot *madame*, au milieu de nos habitudes polies, me frappa beaucoup, j'avais horreur de ces êtres. On disait toujours M. de Voltaire, et mon grand-père ne prononçait ce nom qu'avec un sourire mélangé de respect et d'affection.

Bientôt arriva la politique. Ma famille était des plus aristocrates de la ville, ce qui fit que sur-le-champ je me sentis républicain enragé. Je voyais passer les beaux régiments de dragons allant en Italie, toujours quelqu'un était logé à la maison, je les dévorais des yeux, or mes parents les exécraient. Bientôt les prêtres se cachèrent, il y eut toujours à la maison un prêtre ou deux de caché. La gloutonnerie d'un des premiers qui vinrent, un gros homme avec des yeux hors de la tête lorsqu'il mangeait du petit-salé, me frappa de dégoût. (Nous avions d'excellent *petit-salé* que j'allais chercher à la cave avec le domestique Lambert, il était conservé dans une pierre creusée en bassin.) On mangeait, à la maison, avec une rare propreté et des soins recherchés. On me recommandait, par

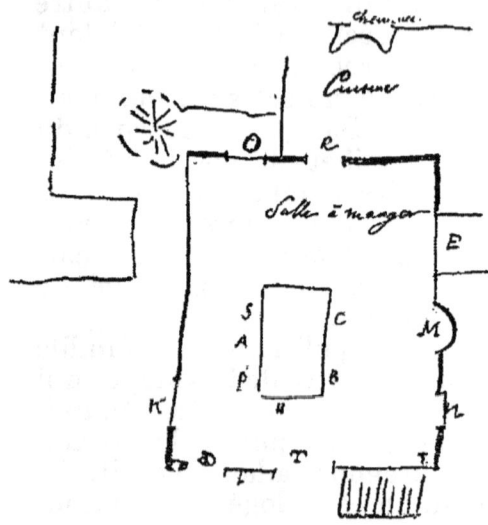

Table chez mon grand-père où j'ai mangé de 7 ans à 16 ½.
A. Mon grand-père. — B. Mon père. — C. Ma tante Elisabeth. — S. Ma tante Séraphie. — H. Moi. — P. Le prêtre caché à la maison. — F. Fenêtre unique de la salle à manger. — O. Porte sur le petit escalier tournant. — R. Porte de la cuisine. — E. Grand passage conduisant dans l'autre maison sur la place Grenette. — M. Poêle. — N. Entrée de la chambre de Lambert. — L. Armoire aux liqueurs, elles étaient excellentes, présents faits à mon grand-père.— T. Grande porte sur le grand escalier. — D. Unique fenêtre fort étroite, en guillotine, à l'anglaise. — K. Porte de la chambre de mon grand-père.

exemple, de ne faire aucun bruit avec la bouche. La plupart de ces prêtres, gens du commun, produisaient ce bruit de la langue contre le palais, ils rompaient le pain d'une manière sale, il n'en fallait pas tant pour que ces gens-là, dont la place était à ma gauche, me fissent horreur. On guillotina un de nos cousins à Lyon (M. Santerre), et le sombre de la famille et son état de haine et de mécontentement de toutes choses redoubla.

Autrefois, quand j'entendais parler des joies naïves de l'enfance, des étourderies de cet âge, du bonheur de la première jeunesse, le seul véritable de la vie, mon cœur se serrait. Je n'ai rien connu de tout cela ; et bien plus, cet âge a été pour moi une époque continue de malheur, et de haine, et de désirs de vengeance toujours impuissants. Tout mon malheur peut se résumer en deux mots : jamais on ne m'a permis de parler à un enfant de mon âge. Et mes parents, s'ennuyant beaucoup par suite de leur séparation de toute société, m'honoraient d'une attention continue. Pour ces deux causes, à cette époque de la vie, si gaie pour les autres enfants, j'étais méchant, sombre, déraisonnable, *esclave* en un mot, dans le pire sens du mot, et peu à peu je pris les sentiments de cet état. Le peu de bonheur que je pouvais arracher était préservé par le mensonge. Sous un autre rapport, j'étais absolument comme les peuples actuels de l'Europe, mes tyrans me parlaient toujours avec les douces paroles de la plus tendre sollicitude, et leur plus ferme alliée était la religion. J'avais à subir des homélies continuelles sur l'amour paternel et les devoirs des enfants. Un jour, ennuyé des paroles de mon père, je lui dis : « Si tu m'aimes tant, donne-moi cinq sous par jour et laisse-moi vivre comme je voudrai. D'ailleurs, sois bien sûr d'une chose, dès que j'aurai l'âge je m'engagerai. »

Mon père marcha sur moi comme pour m'anéantir, il était hors de lui : « *Tu n'es qu'un vilain impie* », me dit-il. Ne dirait-on pas l'empereur Nicolas et la municipalité de Varsovie, dont on parle tant le jour où j'écris (7 décembre 1835, Civita-Vecchia) tant il est vrai que toutes les tyrannies se ressemblent.

Par un grand hasard, il me semble que je ne suis pas resté méchant, mais seulement dégoûté pour le reste de ma vie des bourgeois, des jésuites et des hypocrites de toutes les espèces. Je fus peut-être guéri de la méchanceté par mes succès de 1797, 98 et 99 et la conscience de mes forces. Outre mes autres belles qualités, j'avais un orgueil insupportable [1].

1. Quand j'arrivai à l'Ecole centrale (en l'an V, je crois), dès l'année suivante je remportai des premiers prix, peut-être

A vrai dire, en y pensant bien, je ne me suis pas guéri de mon horreur peu raisonnable pour Grenoble, dans le vrai sens du mot, je l'ai *oubliée*. Les magnifiques souvenirs de l'Italie, de Milan, ont tout effacé.

Il ne m'est resté qu'un notable manque dans ma connaissance des hommes et des choses. Tous les détails qui forment la vie de Chrysale dans l'*Ecole des Femmes* [1] :

Et hors un gros Plutarque à mettre mes rabats,

me font horreur. Si l'on veut me permettre une image *aussi dégoûtante que ma sensation*, c'est comme l'odeur des huîtres pour un homme qui a eu une effroyable indigestion d'huîtres.

Tous les faits qui forment la vie de Chrysale sont remplacés chez moi par du romanesque. Je crois que cette tache dans mon télescope a été utile pour mes personnages de roman, il y a une sorte de bassesse bourgeoise qu'ils ne peuvent avoir, et pour l'auteur ce serait parler le *chinois*, qu'il ne sait pas. Ce mot : *bassesse bourgeoise* n'exprime qu'une nuance, cela

---

y a-t-il mémoire de cela dans les papiers du *Département* (depuis préfecture). Quand j'arrivai à l'Ecole centrale, j'y apportai tous ces vices abominables, dont je fus guéri à coups de poings.
Renvoyé à l'article : Ecole centrale.
1. *Les Femmes savantes.* N. D. L. E.

sera peut-être bien obscur en 1880. Grâce aux journaux, le bourgeois provincial devient rare, il n'y a plus de *mœurs d'état* : un jeune homme élégant de Paris, avec lequel je me rencontrais en compagnie fort gaie, était fort bien mis, sans affectation, et dépensait 8 ou 10.000 francs. Un jour je demandai :

« Que fait-il ?

— C'est un avoué (procureur) fort occupé », me dit-on.

Je citerai donc, comme exemple de la bassesse bourgeoise, le style de mon excellent ami M. Fauriel (de l'Institut), dans son excellente *Vie de Dante*, imprimée en 1834 dans la *Revue de Paris*. Mais, hélas ! où seront ces choses en 1880 ? Quelque homme d'esprit écrivant bien se sera emparé des profondes recherches de l'excellent Fauriel, et les travaux de ce bon bourgeois si consciencieux seront complètement oubliés. Il a été le plus bel homme de Paris. Mme Condorcet (Sophie Grouchy), grande connaisseuse, se l'adjugea, le bourgeois Fauriel eut la niaiserie de l'aimer, et en mourant, vers 1820 je crois, elle lui a laissé 1.200 francs de rente, comme à un laquais. Il a été profondément humilié. Je lui dis, quand il me donna dix pages pour *l'Amour*, aventures arabes : « Quand on a affaire à une princesse ou à une femme trop riche, il faut la battre, ou l'amour s'éteint. » Ce propos lui fit horreur, et il le dit sans doute à la petite mademoiselle Clarke, qui est faite comme un point d'interrogation, comme Pope. Ce qui fit que, peu après, elle me fit faire une réprimande par un nigaud de ses amis (M. Augustin Thierry, membre de l'Institut), et je la plantai là. Il y avait une jolie femme dans cette société, Madame Belloc, mais elle faisait l'amour avec un autre point d'interrogation, noir et crochu, mademoiselle de Montgolfier, et en vérité, j'approuve ces pauvres femmes.

CHAPITRE 10

LE MAITRE DURAND

JE ne trouve aucune mémoire de la manière dont je fus délivré de la tyrannie Raillanne. Ce coquin-là aurait dû faire de moi un excellent jésuite, digne de succéder à mon père ou un soldat crapuleux coureur de filles et de cabarets. Le tempérament eût, comme chez Fielding, absolument voilé *l'ignoble*. Je serais donc l'une ou l'autre de ces deux aimables choses, sans mon excellent grand-père qui, à son insu, me communiqua son culte pour Horace, Sophocle, Euripide et la littérature élégante. Par bonheur, il méprisait tous les plats écrivains ses contemporains, et je ne fus point empoisonné par les Marmontel, Dorat et autres canailles. Je ne sais pourquoi il faisait à tout moment des protestations de respect en faveur des prêtres, qui dans le fait lui faisaient horreur comme quelque chose de sale. Les voyant impatronisés dans son salon par sa fille Séraphie et mon père, son gendre, il était parfaitement poli à leur égard comme avec tout le monde. Pour parler de quelque chose, il parlait littérature et, par exemple, des auteurs sacrés, quoiqu'il ne les aimât guère. Mais cet homme si poli avait toutes les peines du monde à dissimuler le profond dégoût que lui donnait leur ignorance. « Quoi ! même l'abbé Fleury, leur historien, ils l'ignorent ! » Je surpris un jour ce propos, qui redoubla ma confiance en lui.

Je découvris bientôt après qu'il se confessait fort rarement. Il était extrêmement poli envers la religion plutôt que croyant. Il eût été dévôt s'il avait pu croire de retrouver dans le ciel sa fille Henriette (M. le duc de Broglie dit : « Il me semble que ma fille est en Amérique »), mais il n'était que triste et silencieux. Dès qu'il arrivait quelqu'un, par politesse il parlait et racontait des anecdotes.

Peut-être M. Raillanne fut-il obligé de se cacher pour refus de serment à la Constitution civile du clergé. Quoi qu'il en soit son éloignement fut pour moi le plus grand événement possible, et je n'en ai pas de souvenir.

Ceci constitue un défaut de ma tête, dont je découvre plusieurs exemples, depuis trois ans que m'est venue, sur l'esplanade de *San Pietro in Montorio* (Janicule), l'idée lumineuse que j'allais avoir cinquante ans et qu'il était temps de songer au départ, et auparavant de se donner le plaisir de regarder un instant en arrière. Je n'ai aucune mémoire des époques ou des moments où j'ai senti trop vivement. Une de mes raisons pour me croire brave, c'est que je me souviens avec une clarté parfaite, des moindres circonstances des duels où je me suis trouvé engagé. A l'armée, quand il pleuvait, et que je marchais dans la boue, cette bravoure était suffisante tout juste ; mais quand je n'avais pas été mouillé durant la nuit précédente, et que mon cheval ne glissait pas sous moi, la témérité la plus périlleuse était pour moi à la lettre un vrai plaisir. Mes camarades raisonnables devenaient sérieux et pâles, ou bien tout rouges, Mathis devenait plus gai et Forlin plus raisonnable. C'est comme actuellement, je ne pense jamais à la possibilité *of wanting of a thousand francs*, ce qui me semble pourtant l'idée dominante, la grande pensée de mes amis de mon âge, qui ont une aisance dont je suis bien loin, (par exemple MM. Besançon, Colomb, etc.); mais je m'égare. La grande difficulté d'écrire ces mémoires, c'est de n'avoir et de n'écrire juste que les souvenirs relatifs à l'époque que je tiens par les cheveux ; par exemple, il s'agit maintenant des temps, évidemment moins malheureux, que j'ai passés sous le maître Durand.

C'était un bonhomme de quarante-cinq ans peut-être, gros et rond de toutes les manières, qui avait un grand fils de dix-huit ans fort aimable, que j'admirais de loin et qui plus tard fut, je pense, amoureux de ma sœur. Il n'y avait rien de moins jésuite et de moins sournois que ce pauvre M. Durand ; de plus, il était poli, vêtu avec une stricte économie, mais jamais salement. A la vérité, il ne savait pas un mot de latin, mais ni moi non plus, et cela n'était pas fait pour nous brouiller.

Je savais par cœur le *Selectæ e profanis*, et surtout l'histoire d'Androclès et de son lion, je savais de même l'Ancien Testament et peut-être un peu de Virgile et de Cornelius Nepos. Mais si l'on m'eût donné, écrite en latin, la permission d'un congé de huit jours, je n'y eusse rien compris. Le malheureux latin fait par des modernes, le *De Viris illustribus*, où l'on parlait de Romulus que j'aimais fort était inintelligible pour moi. Hé bien! M. Durand était de même, il savait par cœur les auteurs qu'il expliquait depuis vingt ans, mais mon grand-père ayant essayé une ou deux fois de le consulter sur quelque difficulté de son Horace non expliquée par Jean Bond (ce mot faisait mon bonheur ; au milieu de tant d'ennuis, quel plaisir de pouvoir rire de *Jambon* !)

M. Durand ne comprenait pas même ce qui faisait l'objet de la discussion.

Ainsi la méthode était pitoyable et, si je le voulais, j'enseignerais le latin en dix-huit mois à un enfant d'une intelligence ordinaire. Mais n'était-ce rien que d'être accoutumé à manger de la vache enragée, deux heures le matin et trois heures le soir ? C'est une grande question. (Vers 1819, j'ai enseigné l'anglais en vingt-six jours à M. Antonio Clerichetti, de Milan, qui souffrait sous un père avare. Le trentième jour, il *vendit* à un libraire sa traduction des interrogatoires de la princesse de Galles (Caroline de Brunswick), insigne catin que son mari, roi et prodiguant les millions, n'a pas pu convaincre de l'avoir fait ce que sont quatre vingt-quinze maris sur cent.)

Donc, je n'ai aucune souvenance de l'événement qui me sépara de M. Raillanne.

Après la douleur de tous les moments, fruit de la tyrannie de ce jésuite méchant, je me vois tout-à-coup établi chez mon excellent grand-père, couché dans un petit cabinet en trapèze à côté de sa chambre, et recevant des leçons de latin du bonhomme Durand qui venait, ce me semble, deux fois par jour, de *dix* à *onze* heures et de *deux* à *trois*. Mes parents tenaient toujours fermement au principe de ne pas me laisser avoir communication *avec des enfants du commun*. Mais les leçons de M. Durand avaient lieu en présence de mon excellent grand-père, en hiver dans sa chambre, au point M, en été dans le grand salon du côté de la terrasse, en M', quelquefois en M'' dans une antichambre où l'on ne passait presque jamais.

Les souvenirs de la tyrannie Raillanne m'ont fait horreur jusqu'en 1814 ; vers cette époque je les ai oubliés, les événements de la Restauration absorbaient mon horreur et mon dégoût. C'est ce dernier sentiment tout seul que m'inspirent les souvenirs du maître Durand *à la maison*, car j'ai aussi suivi son cours à l'Ecole centrale, mais alors j'étais heureux, du moins comparativement, je commençais à être sensible au beau paysage formé par la vue des collines d'Eybens et d'Echirolles et par le beau pré anglais de la *porte de Bonne*, sur lesquels dominait la fenêtre de l'Ecole, heureusement située au troisième étage du collège ; on réparait le reste.

Il paraît qu'en hiver M. Durand venait me donner leçon de 7 heures du soir à 8. Du moins, je me vois sur une petite table éclairée par une chandelle, M. Durand presque en rang d'oignons[1] avec la famille,

---

1. Le Seigneur d'Oignon.

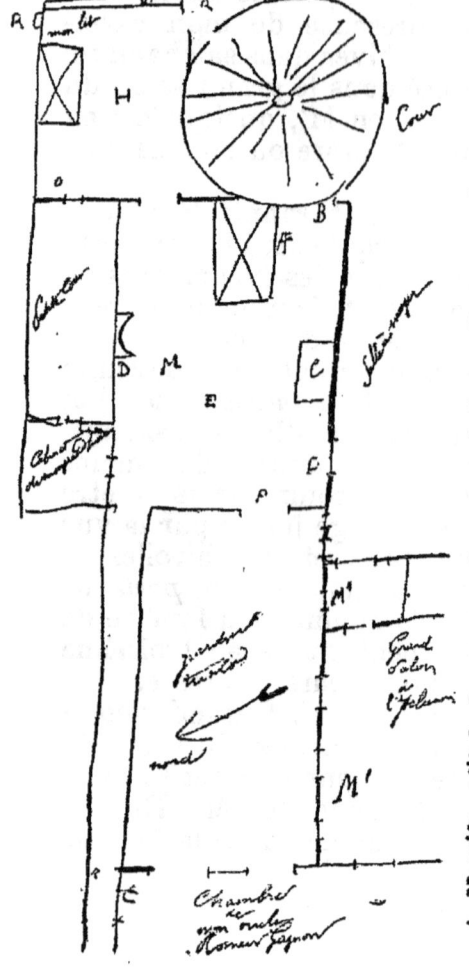

A. Magnifique lit de damas rouge à mon grand-père. — B. Son armoire. — C. Magnifique commode de marqueterie surmontée d'une pendule Mars offrant son bras à la France, la France avait un manteau garni de fleurs de lis, ce qui plus tard donna de grandes inquiétudes. — F. Unique fenêtre et magnifiques verres de Bohême. L'un d'eux en bas à gauche étant fendu resta ainsi dix ans. — D. Cheminée. — H. Ma chambre. — O. Ma petite fenêtre. — B.B. Mes armoires. — R'. Immense armoire de mon grand-père.

devant le feu de mon grand-père, et par un demi à droite faisant face à la petite table où moi, H, étais placé.

C'est là que M. Durand commença à m'expliquer les Métamorphoses d'Ovide.

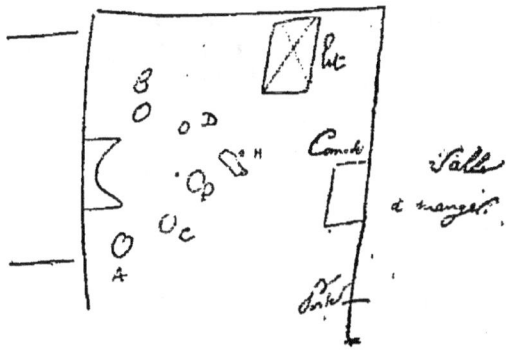

A. M. Chéburin Beyle. — B. M. Gagnon. — C. D. Mes tantes. — P. M. Durand. — H. Moi.

Je le vois encore, ainsi que la couleur jaune ou racine de buis de la couverture du livre. Il me semble qu'à cause du sujet trop gai il y eut une discussion entre Séraphie, qui avait le diable au corps plus que jamais, et son père. Par amour de la belle littérature, il fit faveur et au lieu des horreurs sombres de l'Ancien Testament, j'eus les amours de Pyrame et de Thisbé, et surtout Daphné changée en laurier. Rien en m'amusa autant que ce conte.

Pour la première fois de ma vie, je compris qu'il pouvait être agréable de savoir le latin, qui faisait mon supplice depuis tant d'années.

Mais ici la chronologie de cette importante histoire demande :

« Depuis combien d'années ? »

En vérité je n'en sais rien, j'avais commencé le latin à sept ans, en 1790. Je suppose que l'an VII de la République correspond à 1799, à cause du rébus :

Lancette
Laitue
Rat

affiché au Luxembourg à propos du Directoire.

Il me semble qu'en l'an V j'étais à l'Ecole Centrale.

J'y étais depuis un an, car nous occupions la grande salle des Mathématiques, au premier, quand arriva l'assassinat de Roberjot à Rastadt. C'était peut-être en 1794 que j'expliquais les Métamorphoses d'Ovide. Mon grand-père me permettait quelquefois de lire la traduction de M. Dubois-Fontanelle, je crois, qui plus tard fut mon professeur.

Il me semble que la mort de Louis XVI, 21 janvier 1793, eut lieu pendant la tyrannie Raillanne. Chose plaisante et que la postérité aura peine à croire, ma famille bourgeoise mais qui se croyait sur le bord de la noblesse, mon père surtout, qui se croyait noble ruiné, lisait tous les journaux, suivait le procès du roi comme elle eût pu suivre celui d'un ami intime ou d'un parent.

Arriva la nouvelle de la condamnation ; ma famille fut au désespoir absolument. « Mais jamais ils n'oseront faire exécuter cet arrêt infâme », disait-elle. « Pourquoi pas, pensai-je, s'il a trahi ? »

J'étais dans le cabinet de mon père, rue des Vieux-Jésuites, vers les sept heures du soir, nuit serrée, lisant à la lueur de ma lampe et séparé de mon père par une fort grande table. Je faisais semblant de

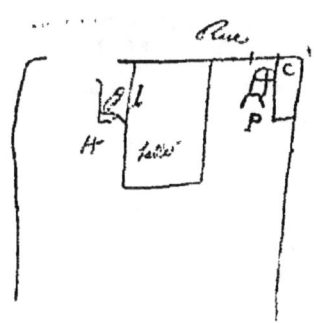

P. Mon père plaçait son bureau C en cerisier.
— H. Moi.

travailler, mais je lisais les *Mémoires d'un Homme de qualité* de l'abbé Prévost, dont j'avais découvert un exemplaire tout gâté par le temps. La maison fut ébranlée par la voiture du courrier qui arrivait de Lyon et de Paris.

« Il faut que j'aille voir ce que ces monstres auront fait », dit mon père en se levant.

« J'espère que le traître aura été exécuté », pensais-je. Puis je réfléchis à l'extrême différence de mes sentiments et de ceux de mon père. J'aimais tendrement nos régiments, que je voyais passer sur la place Grenette de la fenêtre de mon grand-père, je me figurais que le Roi cherchait à les faire battre par les Autrichiens. (On voit que, quoique à peine âgé de dix ans, je n'étais pas fort loin du vrai.) Mais j'avouerai qu'il m'eût suffi de l'intérêt que prenaient au sort de Louis XVI M. le grand vicaire Rey et les autres prêtres, amis de la famille, pour me faire désirer sa mort. Je regardais alors, en vertu d'un couplet de chanson que je chantais quand je ne craignais pas d'être entendu par mon père ou ma tante Séraphie, qu'il était de *devoir étroit* de mourir pour la patrie quand il le fallait. Qu'était-ce que la vie d'un traître qui par une lettre secrète pouvait faire égorger un de ces beaux régiments que je voyais passer sur la place Grenette ? Je jugeais la cause entre ma famille et moi, lorsque mon père rentra. Je le vois encore, en redingote de molleton blanc qu'il n'avait pas ôtée pour aller à deux pas de la porte.

« C'en est fait, dit-il avec un gros soupir, ils l'ont assassiné. »

Je fus saisi d'un des plus vifs mouvements de joie que j'aie éprouvés en ma vie. Le lecteur pensera peut-être que je suis cruel, mais tel j'étais à dix ans, tel je suis à cinquante-deux.

Lorsqu'en décembre 1830 l'on n'a pas puni de mort cet insolent maraud de Peyronnet et les autres signataires des Ordonnances, j'ai dit des bourgeois de Paris : ils prennent l'étiolement de leur âme pour de la civilisation et de la générosité. Comment, après une telle faiblesse, oser condamner à mort un simple assassin ?

Il me semble que ce qui se passe en 1835 a justifié ma prévision de 1830.

Je fus si transporté de ce grand acte de justice nationale que je ne pus continuer la lecture de mon roman, certainement l'un des plus touchants qui existent. Je le cachai, je mis devant moi le livre sérieux, probablement Rollin, que mon père me faisait lire, et je fermai les yeux pour pouvoir goûter en paix ce grand événement. C'est exactement ce que je ferais encore aujourd'hui, en ajoutant qu'à moins d'un devoir impérieux rien ne pourrait me déterminer à voir le traître que l'intérêt de la patrie envoie au supplice. Je pourrais remplir dix pages des détails de cette soirée, mais si les lecteurs de 1880 sont aussi étiolés que la bonne compagnie de 1835, la scène comme le héros leur inspireront un sentiment d'éloignement profond et allant presque jusqu'à ce que les âmes de papier mâché appellent de l'horreur. Quant à moi j'aurais beaucoup plus de pitié d'un assassin condamné à mort sans preuves tout à fait suffisantes que d'un *King* qui se trouverait dans le même cas. La *death of a King* coupable est toujours utile *in terrorem* pour empêcher les étranges abus dans lesquels la *dernière folie* produite par le pouvoir absolu jette ces gens-là. (Voyez l'amour de Louis XV pour les fosses récemment recouvertes dans les cimetières de campagne qu'il apercevait de sa voiture, en promenant dans les environs de Versailles. Voyez la folie actuelle de la petite reine Dona Maria de Portugal.)

La page que je viens d'écrire scandaliserait fort même mes amis de 1835. Je fus honni par le cœur chez M*me* Aubernon, en 1829, pour avoir *wished the death of the Duke of* Bordeaux. M. Mignet même (aujourd'hui conseiller d'Etat) eut horreur de moi, et la maîtresse de la maison, que j'aimais (*did like*) parce qu'elle ressemblait à Cervantès, ne me l'a jamais pardonné, elle disait que j'étais souverainement immoral et fut scandalisée, en 1833, aux bains d'Aix, parce que Madame la comtesse Curial prenait ma défense. Je puis dire que l'approbation des êtres que je regarde comme *faibles* m'est absolument indifférente. Ils me semblent fous, je vois clairement qu'ils ne comprennent pas le problème.

Enfin, supposons que je sois cruel, hé bien, oui, je le suis, on en verra bien d'autres de moi si je continue à écrire.?

Je conclus de ce souvenir, si présent à mes yeux, qu'en 1793, il y a quarante-deux ans, j'allais à la chasse du bonheur précisément comme aujourd'hui, en d'autres termes plus communs, mon caractère était absolument le même qu'aujourd'hui. Tous les ménagements, quand il s'agit de la *patrie*, me semblent encore *puérils*.

Je dirais *criminels*, sans mon mépris sans bornes pour les êtres faibles. (Exemple M. Félix Faure, pair de France, Premier Président, parlant à son fils, à St-Ismier, été 1828, de la mort de Louis XVI : « *Il a été mis à mort par des méchants* ». C'est le même homme qui condamne aujourd'hui, à la Chambre des Pairs, les jeunes et respectables fous qu'on appelle les conspirateurs d'Avril. Moi, je les condamnerais à un an de séjour à *Cincinatti* (Amérique), pendant laquelle année je leur donnerais deux cents francs par mois.) Je n'ai un souvenir aussi distinct que de ma première communion, que mon père me fit faire à Claix, en présence du dévot charpentier Charbonot, de Cossey, vers 1795.

Comme en 1793 le courrier mettait cinq grandes journées, et peut-être six, de Paris à Grenoble, la scène du cabinet de mon père est peut-être du 28 ou 29 janvier, à sept heures du soir. A souper, ma tante Séraphie me fit une scène sur mon âme *atroce*, etc. Je regardais mon père, il n'ouvrait pas la bouche, apparemment de peur de se porter et de me porter aux dernières extrémités. Quelque cruel et atroce que je sois, du moins je ne passais pas pour lâche dans la famille. Mon père était trop Dauphinois et trop fin pour ne pas avoir pénétré, même dans son cabinet (à sept heures), la sensation d'un enfant de dix ans.

A douze ans, un prodige de science pour mon âge, je questionnais sans cesse mon excellent grand-père, dont le bonheur était de me répondre. J'étais le seul être à qui il voulût parler de ma mère. Personne dans la famille n'osait lui parler de cet être chéri. A douze ans donc j'étais un prodige de science et à vingt un prodige d'ignorance.

De 1796 à 1799, je n'ai fait attention qu'à ce qui pouvait me donner les moyens de quitter Grenoble, c'est-à-dire aux mathématiques. Je calculais avec anxiété les moyens de pouvoir consacrer au travail une demi-heure de plus par jour. De plus j'aimais, et j'aime encore, les mathématiques pour elles-mêmes, comme n'admettant pas *l'hypocrisie* et le *vague*, mes deux bêtes d'aversion.

Dans cet état de l'âme, que me faisait une réponse sensée et développée de mon excellent grand-père renfermant une notice sur Sanchoniathon, une appréciation des travaux de Court de Gebelin, dont mon père, je ne sais comment, avait une belle édition in-4º (peut-être qu'il n'y en avait pas d'in-12), avec une belle gravure représentant les organes de la voix chez l'homme ?

A dix ans, je fis en grande cachette une comédie en prose, ou plutôt un premier acte. Je travaillais peu parce que j'attendais le moment du génie, c'est-à-dire cet état d'exaltation qui alors me prenait peut-être deux fois par mois. Ce travail était un grand secret, mes compositions m'ont toujours inspiré la même pudeur que mes amours. Rien ne m'eût été plus pénible que d'en entendre parler. J'ai encore éprouvé vivement ce sentiment en 1830, quand M. Victor de Tracy m'a parlé de *Le Rouge et le Noir*, roman en 2 volumes.

CHAPITRE 11

AMAR ET MERLINO [1]

Ce sont deux représentants du peuple qui un beau jour arrivèrent à Grenoble et quelque temps après publièrent une liste de 152 notoirement suspects (de ne pas aimer la République, c'est-à-dire le gouvernement de la patrie) et de trois cent cinquante simplement suspects. Les *notoirement* devaient être placés en état d'arrestation ; quant aux *simplement*, ils ne devaient être que simplement surveillés.

J'ai vu tout cela d'en bas, comme un enfant, peut-être qu'en faisant des recherches dans le Journal du Département, s'il en existait à cette époque, ou dans les archives, on trouverait tout le contraire quant aux époques, mais pour l'effet sur moi et la famille, il est certain. Quoi qu'il en soit, mon père était notoirement suspect et M. Henri Gagnon simplement suspect[2].

1. Chronologie : peut-être M. Durand ne vint-il dans la maison Gagnon qu'après Amar et Merlino.
2. Cependant ni l'un ni l'autre n'ont été ni obligés de se cacher, ni emprisonnés. *Note de R. Colomb.*

La publication de ces deux listes fut un coup de foudre pour la famille. Je me hâte de dire que mon père n'a été délivré que le 6 thermidor (ah ! voici une date. Délivré le 6 thermidor, trois jours avant la mort de Robespierre) et placé sur la liste pendant vingt-deux mois.

Ce grand événement remonterait donc au 26 avril 1793. Enfin je trouve dans ma mémoire que mon père fut vingt-deux mois sur la liste et n'a passé en prison que trente-deux jours ou quarante-deux jours.

Ma tante Séraphie montra dans cette occasion beaucoup de courage et d'activité. Elle allait voir les *membres du Département*, c'est-à-dire de l'administration départementale, elle allait voir les représentants du peuple, et obtenait toujours des sursis de quinze jours ou vingt-deux jours, de cinquante jours quelquefois.

Mon père attribue l'apparition de son nom sur la fatale liste à une ancienne rivalité d'Amar avec lui, lequel était aussi avocat, ce me semble.

Deux ou trois mois après cette vexation, de laquelle on parlait sans cesse le soir en famille, il m'échappa une naïveté qui confirma mon caractère *atroce*. On exprimait en termes polis toute l'horreur qu'inspirait le nom d'Amar.

« Mais, dis-je à mon père, Amar t'a

placé sur la liste comme notoirement *suspect* de ne pas aimer la République, il me semble qu'il est *certain* que tu ne l'aimes pas. »

A ce mot, toute la famille rougit de colère, on fut sur le point de m'envoyer en prison dans ma chambre ; et pendant le souper, pour lequel bientôt on vint avertir, personne ne m'adressa la parole. Je réfléchissais profondément. Rien n'est plus vrai que ce que j'ai dit, mon père se fait gloire d'exécrer *le nouvel ordre des choses* (terme à la mode alors parmi les aristocrates), quel droit ont-ils de se fâcher?

Cette forme de raisonnement : *Quel droit a-t-il ?* fut habituelle chez moi depuis les premiers actes arbitraires qui suivirent la mort de ma mère, aigrirent mon caractère et m'ont fait ce que suis.

Le lecteur remarquera sans doute que cette forme conduisait rapidement à la plus haute indignation.

Mon père, Chérubin Beyle, vint s'établir dans la chambre O, appelée chambre de mon oncle. (Mon aimable oncle Romain Gagnon s'était marié aux Echelles, en Savoie, et quand il venait à Grenoble, tous les deux ou trois mois, à l'effet de revoir ses anciennes amies, il habitait cette chambre meublée avec magnificence en damas rouge — magnificence de Grenoble vers 1793.)

On remarquera encore la sagesse de

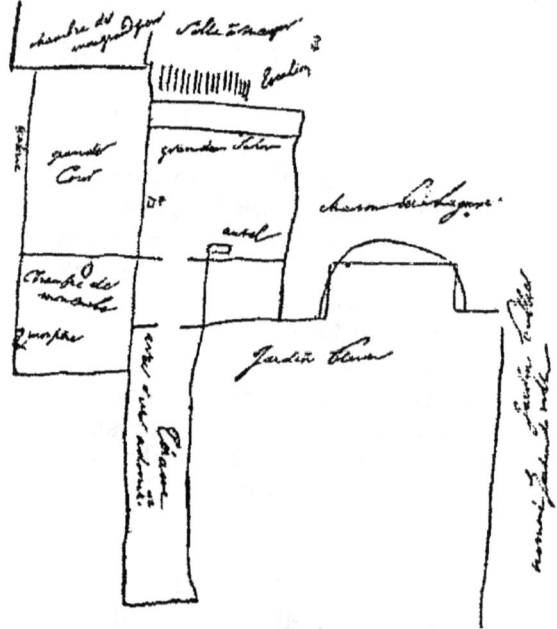

O. Chambre de mon oncle. — Q. Mon père Chérubin Beyle lisant.

l'esprit dauphinois. Mon père appelait se cacher traverser la rue et venir coucher chez son beau-père où l'on savait qu'il dînait et soupait depuis deux ou trois ans. La Terreur fut donc très douce et j'ajouterai hardiment fort raisonnable, à Grenoble. Malgré vingt-deux ans de progrès, la Terreur de 1815, ou réaction du parti de mon père, me semble avoir été plus cruelle. Mais l'extrême dégoût que 1815 m'a inspiré m'a fait oublier les faits, et peut-être un historien impartial serait-il d'un autre avis. Je supplie le lecteur, si jamais j'en trouve, de se souvenir que je n'ai de prétention à la véra ité qu'en ce qui touche mes sentiments, quant aux faits, j'ai toujours eu peu de mémoire. Ce qui fait, par parenthèse, que le célèbre Georges Cuvier me battait toujours dans les discussions qu'il daignait quelquefois avoir avec moi dans son salon les samedis de 1827 à 1830.

Mon père, pour se soustraire à la persécution horrible, vint donc s'établir dans la chambre de mon oncle, O.

C'était l'hiver, car il me disait : « *Ceci est une glacière.* »

Je couchais à côté de son lit dans un joli lit fait en cage d'oiseau et duquel il était impossible de tomber. Mais cela ne dura pas. Bientôt je me vis dans le trapèze, à côté de la chambre de mon grand-père.

Il me semble maintenant que ce fut seulement à l'époque Amar et Merlino que je vins habiter le trapèze, j'y étais fort gêné par l'odeur de la cuisine de M. Reyboz ou Reybaud, épicier provençal dont l'accent

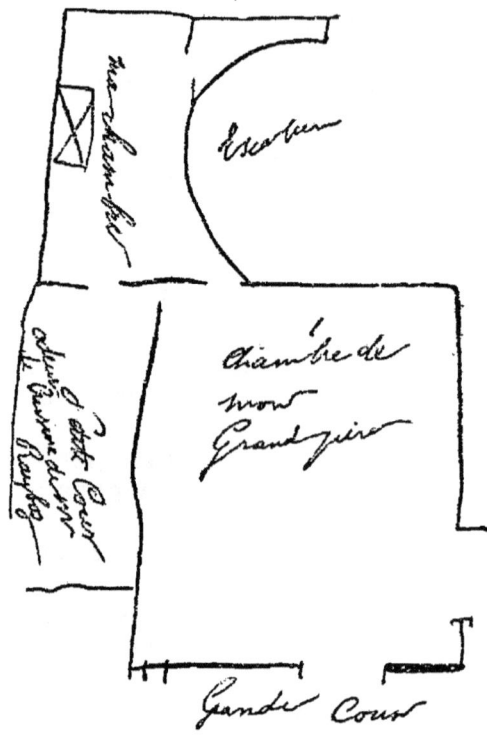

me faisait rire. Je l'entendis souvent grommeler contre sa fille, horriblement laide, sans quoi je n'eusse pas manqué d'en faire la dame de mes pensées. C'était là ma folie et elle a duré longtemps, mais j'eus toujours l'habitude d'une discrétion parfaite que j'ai retrouvée dans le tempérament mélancolique de Cabanis.

Je fus bien étonné, en voyant mon père de plus près dans la chambre de mon oncle, de trouver qu'il ne lisait plus Bourdaloue, Massillon ou sa Bible de Sacy en vingt-deux volumes. La mort de Louis XVI l'avait jeté, ainsi que beaucoup d'autres, dans l'*Histoire de Charles* Ier de Hume ; comme il ne savait pas l'anglais, il lisait la traduction unique alors d'un M. Belot, ou président Belot. Bientôt mon père, variable et absolu dans ses goûts, fut tout politique. Je ne voyais dans mon enfance que le ridicule du changement, aujourd'hui je vois le pourquoi. Peut-être que l'abandon de toute autre idée avec lequel mon père suivait ses passions (ou ses goûts) en faisait un homme un peu au-dessus du vulgaire.

Le voilà donc tout Hume et Smollett et voulant me faire goûter ces livres comme, deux ans plus tôt, il avait voulu me faire adorer Bourdaloue. On juge de la façon dont fut accueillie cette proposition de l'ami intime de mon ennemie Séraphie.

La haine de cette aigre dévote redoubla

quand elle me vit établi chez son père sur le pied de favori. Nous avions des scènes horribles ensemble, car je lui tenais tête fort bien, je raisonnais et c'est ce qui la mettait en fureur.

Mesdames Romagnier et Colomb, de moi tendrement aimées, mes cousines, femmes alors de trente-six ou quarante ans, et la seconde mère de M. Romain Colomb, mon meilleur ami (qui par sa lettre du... décembre 1835, reçue hier, m'a fait une scène à l'occasion de la Préface de de Brosses, mais n'importe), venaient faire la partie de ma tante Elisabeth. Ces dames étaient étonnées des scènes que j'avais avec Séraphie, lesquelles allaient souvent jusqu'à interrompre le boston, et je croyais voir évidemment qu'elles me donnaient raison contre cette folle.

En pensant sérieusement à ces scènes depuis leur époque, 1793, ce me semble, je les expliquerais ainsi : Séraphie, assez jolie, faisait l'amour[1] avec mon père et haïssait passionnément en moi l'être qui mettait un obstacle moral ou légal à leur mariage. Reste à savoir si en 1793 l'autorité ecclésiastique eût permis un mariage entre beau-frère et belle-sœur. Je pense que oui, Séraphie était du premier sanhé-

1. Italianisme à ôter.

drin dévot de la ville avec une Mme Vignon, son amie intime.

Pendant ces scènes violentes, qui se renouvelaient une ou deux fois par semaine, mon grand-père ne disait rien, j'ai déjà averti qu'il avait un caractère à la Fontenelle, mais au fond je devinais qu'il était pour moi. Raisonnablement, que pouvait-il y avoir de commun entre une demoiselle de vingt-six ou trente ans et un enfant de dix ou douze ans ?

Les domestiques, savoir : Marion, Lambert d'abord et puis l'homme qui lui succéda, étaient de mon parti. Ma sœur Pauline, jolie jeune fille qui avait trois ou quatre ans de moins que moi, était de mon parti. Ma seconde sœur, Zénaïde (aujourd'hui Mme Alexandre Mallein), était du parti de Séraphie et était accusée par Pauline et moi d'être son espion auprès de nous.

Je fis une caricature dessinée à la mine de plomb sur le plâtre du grand passage de la salle à manger aux chambres de la Grenette, dans l'ancienne maison de mon grand-père. Zénaïde était représentée dans un prétendu portrait qui avait deux pieds de haut, au-dessous j'écrivis :

Caroline-Zénaïde B..., rapporteuse.

Cette bagatelle fut l'occasion d'une scène abominable et dont je vois encore les détails.

Séraphie était furieuse, la partie fut interrompue. Il me semble que Séraphie prit à partie Mesdames Romagnier et Colomb. Il était déjà huit heures. Ces dames, justement offensées des incartades de cette folle et voyant que ni son père (M. Henri Gagnon), ni sa tante (ma grand'tante Elisabeth) ne pouvaient ou n'osaient lui imposer silence, prirent le parti de s'en aller. Ce départ fut le signal d'un redoublement dans la tempête. Il y eut quelque mot sévère de mon grand-père ou de ma tante ; pour repousser Séraphie voulant s'élancer sur moi, je pris une chaise de paille que je tins entre nous, et je m'en fus à la cuisine, où j'étais bien sûr que la bonne Marion, qui m'adorait et détestait Séraphie, me protégerait.

A côté des images les plus claires, je trouve des *manques* dans ce souvenir, c'est comme une fresque dont de grands morceaux seraient tombés. Je vois Séraphie se retirant de la cuisine et moi faisant la conduite à l'ennemi le long du passage. La scène avait eu lieu dans la chambre de ma tante Elisabeth.

Je me vois et je vois Séraphie au point S. Comme j'aimais beaucoup la cuisine, occupée par mes amis Lambert et Marion et la servante de mon père, qui avaient le grand avantage de n'être pas mes supérieurs, là seulement je trouvais la douce égalité et la liberté, je profitai de la

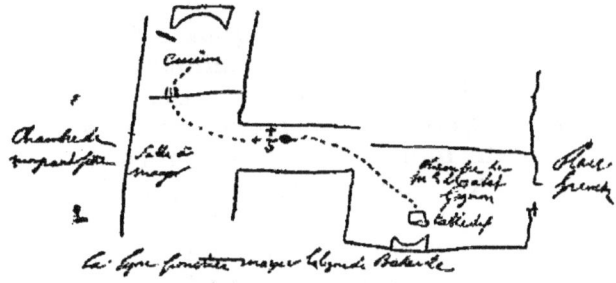

scène pour ne pas paraître jusqu'au souper. Il me semble que je pleurai de rage pour les injures atroces (impie, scélérat, etc.) que Séraphie m'avait lancées, mais j'avais une honte amère de mes larmes.

Je m'interroge depuis une heure pour savoir si cette scène est bien vraie, réelle, ainsi que vingt autres qui, évoquées des ombres, reparaissent un peu, après des années d'oubli ; mais oui, cela est bien réel, quoique jamais dans une autre famille je n'aie rien observé de semblable. Il est vrai que j'ai vu peu d'intérieurs bourgeois, le dégoût m'en éloignait et la peur que je faisais par mon rang ou mon esprit (je demande pardon de cette vanité) empêchaient peut-être que de telles scènes eussent lieu en ma présence. Enfin je ne puis douter de la réalité de celle de la caricature de Zénaïde et de plusieurs autres. Je triomphais surtout quand mon père était à Claix, c'était un ennemi de moins, et le seul réellement puissant.

« *Indigne enfant, je te mangerais !* » me dit un jour mon père en s'avançant sur moi furieux ; mais il ne m'a jamais frappé, ou tout au plus deux ou trois fois. Ces mots : *indigne enfant*, etc., me furent adressés un jour que j'avais battu Pauline qui pleurait et faisait retentir la maison.

Aux yeux de mon père j'avais un caractère atroce, c'était une vérité établie par Séraphie et sur *des faits* : l'assassinat de Mme Chenavaz, mon coup de dent au front de Mme Pison-Dugalland, mon mot sur Amar. Bientôt arriva la fameuse lettre anonyme signée Gardon. Mais il faut des explications pour comprendre ce grand crime. Réellement ce fut un méchant tour, j'en ai eu honte pendant quelques années, quand je songeais encore à mon enfance avant ma passion pour Mélanie, passion qui finit en 1805 quand j'eus vingt-deux ans. Aujourd'hui que l'action d'écrire ma vie m'en fait apparaître de grands lambeaux, je trouve fort bien la tentative Gardon.

CHAPITRE 12

BILLET GARDON

On avait formé les bataillons d'Espérance, ou l'armée d'Espérance (chose singulière, que je ne me rappelle pas même avec certitude le nom d'une chose qui a tant agité mon enfance). Je brûlais d'être de ces bataillons que je voyais défiler. Je vois aujourd'hui que c'était une excellente institution, la seule qui puisse déraciner le jésuitisme en France. Au lieu de jouer à la chapelle, l'imagination des enfants pense à la guerre et s'accoutume au danger. D'ailleurs, quand la patrie les appelle à vingt ans, ils savent l'*exercice*, et au lieu de frémir devant l'*inconnu*, ils se rappellent les jeux de leur enfance.

La Terreur était si peu la Terreur à Grenoble que les aristocrates n'envoyaient pas leurs enfants.
Un certain abbé Gardon, qui avait jeté le froc aux orties, dirigeait l'armée de l'Espérance. Je fis un faux, je pris un

morceau de papier plus large que haut, de la forme d'une lettre de change, je le vois encore et, en contrefaisant mon écriture, j'invitai le citoyen Gagnon à envoyer son petit-fils Henri Beyle à Saint-André, pour qu'il pût être incorporé dans le bataillon de l'Espérance. Cela finissait par :

« *Salut et fraternité,*

GARDON. »

La seule idée d'aller à Saint-André était pour moi le bonheur suprême. Mes parents firent preuve de bien peu de lumières, ils se laissèrent prendre à cette lettre d'un enfant, qui devait contenir cent fautes contre la vraisemblance. Ils eurent besoin des conseils d'un petit bossu nommé *Tourte*, véritable *toad-eater*, mangeur de crapauds, qui s'était faufilé à la maison par cet infâme métier. Mais comprendra-t-on cela en 1880 ?

M. Tourte[1], horriblement bossu et commis expéditionnaire à l'administration du Département, s'était faufilé à la maison comme être subalterne, ne s'offensant de rien, bon flatteur de tous. J'avais déposé

1. Tourte donnait des leçons d'écriture à Pauline ; je le vois, encore taillant des plumes, d'un air important avec des lunettes dont les verres avaient l'épaisseur d'un fond de gobelet. *Note de R. Colomb.*

mon papier dans l'entre-deux des portes formant antichambre sur l'escalier tournant, au point A.

Mes parents, fort alarmés, appelèrent

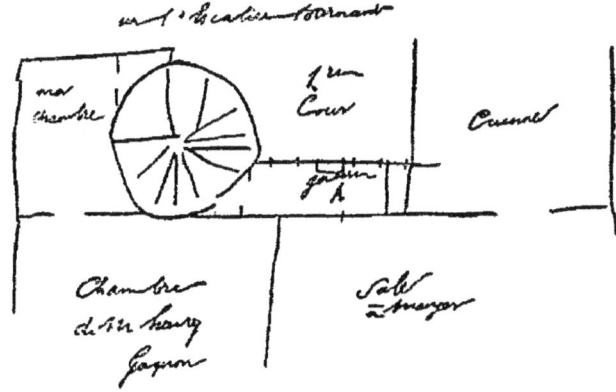

au conseil le petit Tourte qui, en sa capacité de scribe officiel, connaissait apparemment la signature de M. Gardon. Il demanda de mon écriture, compara avec sa sagacité de commis expéditionnaire, et mon pauvre petit artifice pour sortir de cage fut découvert. Pendant qu'on délibérait sur mon sort, on m'avait relégué dans le cabinet d'histoire naturelle de mon grand-père, formant vestibule sur notre magnifique terrasse. Là, je m'amusais à faire *sauter en l'air* (locution du pays) une boule de terre glaise rouge que je venais de pétrir. J'étais dans la position morale d'un jeune déserteur qu'on va

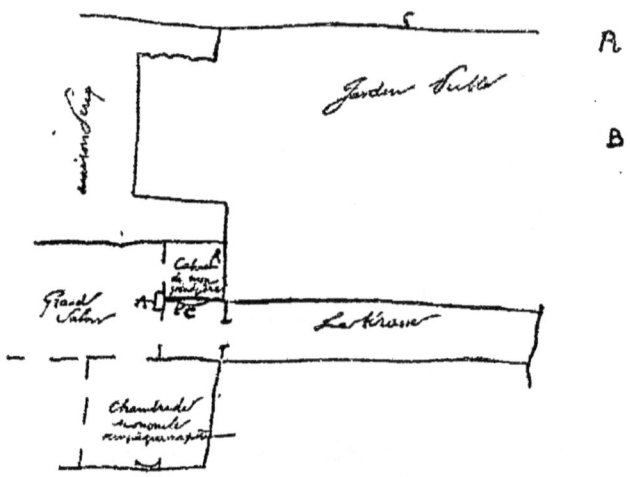

A. Autel où je servais la messe tous les dimanches. — C. Vestibule de la terrasse. — P. Carte du Dauphiné dressée par M. Bourcet père du Tartufe et grand-père de mon ami à Brunswick, le général Bourcet, aide de camp du maréchal Oudinot, maintenant cocu, et je crois fou.
Vue magnifique sur les montagnes. — en S. (montagne de Seyssins et Sassenage). — en B. Bastille que le général Haxo fortifia en 1835. — en R. Tour du Rabot.

fusiller. L'action de faire un *faux* me *chicanait* un peu.

Il y avait dans ce vestibule de la terrasse une magnifique carte du Dauphiné de quatre pieds de large, accrochée au mur. Ma boule de terre glaise, en descendant du plafond fort élevé, toucha la précieuse carte, fort admirée par mon grand-père, et, comme elle était fort humide, y traça une longue *raie* rouge.

« Ah ! pour le coup, je suis flambé, pensai-je. Ceci est bien une autre affaire ; j'offense mon seul protecteur. » J'étais en même temps fort affligé d'avoir fait une chose désagréable à mon grand-père.

En ce moment on m'appela pour comparaître devant mes juges, Séraphie en tête, et à côté d'elle le hideux bossu Tourte. Je m'étais proposé de répondre en Romain, c'est-à-dire que je désirais servir la patrie, que c'était mon devoir aussi bien que mon plaisir, etc. Mais la conscience de ma faute envers mon excellent grand-père (la tache à la carte), que je voyais pâle à cause de la peur que lui avait fait le billet signé Gardon, m'attendrit, et je crois que je fus pitoyable. J'ai toujours eu le défaut de me laisser attendrir comme un niais par la moindre parole de soumission des gens contre lesquels j'étais le plus en colère, *et tentatum contemni*. En vain plus tard écrivis-je partout cette réflexion de Tite-Live, je n'ai jamais été sûr de garder ma colère.

Je perdis malheureusement par ma

faiblesse de cœur (non de caractère) ma position superbe. J'avais le projet de menacer d'aller moi-même déclarer à l'abbé Gardon ma résolution de servir la patrie. Je fis cette déclaration, mais d'une voix faible et timide. Mon idée fit peur et on vit que je manquais d'énergie. Mon grand-père même me condamna, la sentence fut que pendant trois jours je ne dînerais pas à table. A peine condamné, ma tendresse se dissipa et je redevins un héros.

« J'aime bien mieux, leur dis-je, dîner seul qu'avec des tyrans qui me grondent sans cesse. »

Le petit Tourte voulut faire son métier :

« Mais, monsieur Henri, il me semble...

— Vous devriez avoir honte et vous taire, lui dis-je en l'interrompant. Est-ce que vous êtes mon parent pour parler ainsi ? » etc.

— Mais, monsieur, dit-il, devenu tout rouge derrière les lunettes dont son nez était armé, comme ami de la famille.....

— Je ne me laisserai jamais gronder par un homme tel que vous. »

Cette allusion à sa bosse énorme supprima son éloquence.

En sortant de la chambre de mon grand-père, où la scène s'était passée, pour aller faire du latin tout seul dans le grand salon, j'étais d'une humeur noire. Je sentais confusément que j'étais un être faible, plus je réfléchissais, plus je m'en voulais.

Le fils d'un notoirement suspect, toujours hors de prison au moyen de *sursis* successifs, venant demander à l'abbé Gardon de servir la patrie, que pouvaient répondre mes parents, avec leur messe de quatre-vingts personnes tous les dimanches ?

Aussi dès le lendemain on me fit la cour. Mais cette affaire, que Séraphie ne manqua pas de me reprocher dès la première scène qu'elle me fit, éleva comme un mur entre mes parents et moi. Je le dis avec peine, je commençai à moins aimer mon grand-père, et aussitôt je vis clairement son défaut : Il a peur de sa fille, il a peur de Séraphie ! Ma seule tante Elisabeth m'était restée fidèle. Aussi mon affection pour elle redoubla-t-elle.

Elle combattait, je m'en souviens, ma haine pour mon père, et me gronda vertement parce qu'une fois, en lui parlant de lui, je l'appelai *cet homme*.

Sur quoi je ferai deux observations[1] :

1° Cette haine de mon père pour moi et de moi pour lui, était chose tellement

---

1. Je sens bien que tout ceci est trop long, mais je m'amuse à voir reparaître ces temps primitifs, quoique malheureux, et je prie M. Levavasseur d'abréger ferme, s'il imprime
H. BEYLE.

convenue dans ma tête, que ma mémoire n'a pas daigné garder souvenir du rôle qu'il a dû jouer dans la terrible affaire du billet Gardon.

2º Ma tante Elisabeth avait l'âme espagnole. Son caractère était la quintessence de l'honneur. Elle me communiqua pleinement cette façon de sentir et de là, ma suite ridicule de sottises par délicatesse et grandeur d'âme. Cette sottise n'a un peu cessé en moi qu'en 1810, à Paris, quand j'étais amoureux de Mme Petit. Mais encore aujourd'hui, l'excellent Fiore (condamné à mort à Naples en 1800) me dit :

« Vous tendez vos filets trop haut. » (Thucidyde.)

Ma tante Elisabeth disait encore communément, quand elle admirait excessivement quelque chose :

« Cela est beau comme le Cid. »

Elle sentait, éprouvait, mais n'exprimait jamais, un assez grand mépris pour le *Fontenellisme* de son frère (Henri Gagnon, mon grand-père). Elle adorait ma mère, mais elle ne s'attendrissait pas en en parlant comme mon grand-père. Je n'ai jamais vu pleurer, je crois, ma tante Elisabeth. Elle m'eût pardonné tout au monde plutôt que d'appeler mon père *cet homme*.

« Mais comment veux-tu que je puisse l'aimer, lui disais-je ? Excepté me peigner quand j'avais la rache, qu'a-t-il jamais fait pour moi ?

— Il a la bonté de te mener promener.

— J'aime bien mieux rester à la maison, je déteste la promenade aux *Granges*.

(Vers l'église de Saint-Joseph et au sud-est de cette église, que l'on comprend maintenant dans la place de Grenoble que le général Haxo fortifie, mais, en 1794, les environs de Saint-Joseph étaient occupés par des terres à chanvre et d'infâmes *rouloirs* (trous à demi pleins d'eau pour faire rouir le chanvre), où je distinguais les œufs gluants de grenouilles qui me faisaient horreur : *horreur* est le mot propre, je frissonne en y pensant.)

En me parlant de ma mère, un jour, il échappa à ma tante de dire qu'elle n'avait point eu d'inclination pour mon père. Ce mot fut pour moi d'une portée immense. J'étais encore, au fond de l'âme, jaloux de mon père.

J'allai raconter ce mot à Marion, qui me combla d'aise en me disant qu'à l'époque du mariage de ma mère, vers 1780, elle avait dit un jour à mon père qui lui faisait la cour : « *Laissez-moi, vilain laid.* »

Je ne vis point alors l'ignoble et l'improbabilité d'un tel mot, je n'en vis que le sens qui me charmait.

Les tyrans sont souvent maladroits, c'est peut-être la chose qui m'a fait rire le plus en ma vie.

Nous avions un cousin Senterre[1], homme trop galant, trop gai et, comme tel, assez haï de mon grand-père, beaucoup plus prudent et peut-être pas tout à fait exempt d'envie pour ce pauvre Senterre, maintenant sur l'âge et assez pauvre. Mon grand-père prétendait ne faire que le mépriser à cause de ses mauvaises mœurs passées. Ce pauvre Senterre était fort grand, creusé (marqué) de petite vérole, les yeux bordés de rouge et assez faibles, il portait des lunettes et un chapeau rabattu à grands bords.

Tous les deux jours, ce me semble, enfin quand le courrier arrivait de Paris, il venait apporter à mon grand-père cinq ou six journaux adressés à d'autres personnes, et que nous lisions avant ces autres personnes.

M. Senterre venait le matin, vers les onze heures, on lui donnait à déjeuner

---

1. Il était contrôleur de la poste à Grenoble ; en sa qualité de mon grand-oncle, il m'administrait force taloches ; et lorsque je pleurais trop *haut*, il me faisait avaler des verres de kirsch pour obtenir du silence et son pardon. *Note de Colomb.*

un demi verre de vin et du pain, et la haine de mon grand-père alla plusieurs fois jusqu'à rappeler en ma présence la fable de la Cigale et de la Fourmi, ce qui voulait dire que le pauvre Senterre venait à la maison attiré par le doigt de vin et le *crochon* de pain.

La bassesse de ce reproche révoltait ma tante Elisabeth, et moi peut-être encore plus. Mais l'essentiel de la sottise des tyrans, c'est que mon grand-père mettait ses lunettes et lisait haut à la famille tous ces journaux. Je n'en perdais pas une syllabe.

Et dans mon cœur je faisais des commentaires absolument contraires à ceux que j'entendais faire.

Séraphie était bigote enragée, mon père souvent absent de ces lectures aristocrate excessif, mon grand-père, aristocrate, mais beaucoup plus modéré ; il haïssait les Jacobins surtout comme gens mal vêtus et de mauvais ton.

« *Quel nom : Pichegru !* » disait-il. C'était là sa grande objection contre ce fameux traître qui alors conquérait la Hollande. Ma tante Elisabeth n'avait horreur que des condamnations à mort.

Les titres de ces journaux, que je buvais, étaient : *Le Journal des hommes libres.*

Perlet, dont je vois encore le titre, dont le dernier mot était formé par une griffe imitant la signature de ce Perlet ainsi :
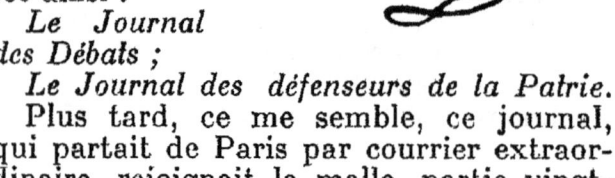
Le Journal des Débats ;
Le Journal des défenseurs de la Patrie.
Plus tard, ce me semble, ce journal, qui partait de Paris par courrier extraordinaire, rejoignait la malle, partie vingt-quatre heures avant lui.

Je fonde mon idée que M. Senterre ne venait pas tous les jours sur le nombre de journaux qu'il y avait à lire. Mais peut-être, au lieu de plusieurs numéros du même journal, y avait-il seulement un grand nombre de journaux.

Quelquefois, quand mon grand-père était enrhumé, j'étais chargé de la lecture. Quelle maladresse chez mes tyrans ! C'est comme *the Papes* fondant une bibliothèque au lieu de brûler tous les livres comme Omar (dont on conteste cette belle action).

Pendant toutes ces lectures qui duraient, ce me semble, encore un an après la mort de Robespierre et qui prenaient bien deux heures chaque matin, je ne me souviens pas d'avoir été une seule fois de l'avis que j'entendais exprimer par mes parents. Par prudence, je me gardais bien de parler, et si quelquefois je voulais parler, au lieu de me réfuter on m'imposait silence. Je vois maintenant que cette lecture était un remède à l'effroyable ennui dans lequel ma famille s'était plongée trois ans auparavant, à la mort de ma mère, en rompant absolument avec le monde.

Le petit Tourte prenait mon excellent grand-père pour confident de ses amours avec une de nos parentes que nous méprisions comme pauvre et faisant tort à notre noblesse. Il était jaune, hideux, l'air malade. Il se mit à montrer à écrire à ma sœur Pauline, et il me semble que l'animal en devint amoureux. Il amena à la maison l'abbé Tourte son frère qui avait la figure abimée *d'humeurs froides*. Mon grand-père ayant dit qu'il était *dégoûté* quand il invitait cet abbé à dîner, ce sentiment devint excessif chez moi.

M. Durand continuait à venir une ou deux fois le jour à la maison, mais il me semble que c'était deux fois, voici pourquoi : j'étais arrivé à cette époque incroyable de sottise où l'on fait faire des vers à l'écolier latin. On veut essayer s'il a le génie poétique, et de cette époque date mon horreur pour les vers. Même dans Racine, qui me semble fort éloquent, je trouve force *chevilles*.

Pour développer chez moi le génie poétique, M. Durand apporta un grand in-12 dont la reliure noire était horriblement grasse et sale.

La saleté m'eût fait prendre en horreur l'Arioste de M. de Tressan que j'adorais, qu'on juge du volume noir de M. Durand, assez mal mis lui-même. Ce volume contenait le poème d'un jésuite sur une mouche qui se noie dans une jatte de lait. Tout l'esprit était fondé sur l'antithèse produite par la blancheur du lait et la noirceur du corps de la mouche, la douceur qu'elle cherchait dans le lait et l'amertume de la mort.

On me dictait ces vers en supprimant les épithètes, par exemple :

Musca (*épit.*) duxerit annos (*ép.*) multos (*synonyme*)

J'ouvrais le *Gradus ad Parnassum*, je lisais toutes les épithètes de la mouche : *volucris, avis, nigra*, et je choisissais, pour faire la mesure de mes hexamètres et de mes pentamètres, *nigra*, par exemple, pour *musca*, *felices* pour *annos*.

La saleté du livre et la platitude des idées me donnèrent un tel dégoût que régulièrement tous les jours, vers les deux heures, c'était mon grand-père qui faisait mes vers en ayant l'air de m'aider.

M. Durand revenait à sept heures du soir et me faisait remarquer et admirer la différence qu'il y avait entre mes vers et ceux du Père jésuite.

Il faut absolument *l'émulation* pour faire avaler de telles inepties. Mon grand-père me racontait ses exploits au collège, et je soupirais après le collège, là du moins j'aurais pu échanger des paroles avec des enfants de mon âge.

Bientôt je devais avoir cette joie : on forma une Ecole centrale, mon grand-père fut du jury organisateur, il fit nommer professeur M. Durand.

CHAPITRE 13

PREMIER VOYAGE AUX ECHELLES [1]

Il faut parler de mon oncle, cet homme aimable qui portait la joie dans la famille quand des *Échelles* (Savoie), où il était marié, il venait à Grenoble.

En écrivant ma vie en 1835, j'y fais bien des découvertes, ces découvertes sont de deux espèces : d'abord, 1°, ce sont de grands morceaux de fresques sur un mur, qui depuis longtemps oubliés apparaissent tout à coup, et à côté de ces morceaux bien conservés sont comme je l'ai dit plusieurs fois de grands espaces où l'on ne voit que les briques du mur. L'éparvérage, le crépi sur lequel la fresque était peinte est tombé, et la fresque est à jamais perdue. A côté des morceaux de fresque conservés, il n'y a pas de date, il faut que j'aille à la chasse des dates actuellement en 1835. Heureusement, peu importe un anachronisme, une confusion d'une ou de deux

---

1. Placer ce morceau vers 1792 à son rang, vers 1791.
A placer à son époque avant la conquète de la Savoie par le général Montesquiou, avant 1792

années. A partir de mon arrivée à Paris en 1799, comme ma vie est mêlée avec les événements de la gazette, toutes les dates sont sûres.

2º En 1835, je découvre la physionomie et le pourquoi des événements. Mon oncle (Romain Gagnon) ne venait probablement à Grenoble, vers 1795 ou 1796, que pour voir ses anciennes maîtresses et pour se délasser des Echelles où il régnait, car les Echelles sont un bourg, composé alors de manants enrichis par la contrebande et l'agriculture, et dont le seul plaisir était la chasse. Les *élégances* de la vie, les jolies femmes gaies, frivoles et bien parées, mon oncle ne pouvait les trouver qu'à Grenoble.

Je fis un voyage aux Echelles, ce fut comme un séjour dans le ciel, tout y fut ravissant pour moi. Le bruit du *Guiers*, torrent qui passait à deux cents pas devant les fenêtres de mon oncle, devint un son sacré pour moi, et qui sur-le-champ me transportait dans le ciel.

Ici déjà les phrases me manquent, il faudra que je travaille et transcrive les morceaux, comme il m'arrivera plus tard pour mon séjour à Milan. Où trouver des mots pour peindre le bonheur parfait goûté avec délices et sans satiété par une âme sensible jusqu'à l'anéantissement et la folie?

Je ne sais si je ne renoncerai pas à ce travail. Je ne pourrais, ce me semble, peindre ce bonheur ravissant, pur, frais, divin, que par l'énumération des maux et de l'ennui dont il était l'absence complète. Or, ce doit être une triste façon de peindre le bonheur.

Une course de sept heures dans un cabriolet léger par Voreppe, la Placette et St-Laurent-du-Pont me conduisit au Guiers, qui alors séparait la France de la Savoie. Donc alors la Savoie n'était point conquise par le général Montesquiou dont je vois encore le plumet ; elle fut occupée vers 1792, je crois. Mon divin séjour aux Echelles est donc de 1790 ou 1791. J'avais sept ou huit ans.

Ce fut un bonheur subit, complet, parfait, amené et maintenu par un changement de décoration. Un voyage amusant de sept heures fait disparaître à jamais Séraphie, mon père, le rudiment, le maître de latin, la triste maison Gagnon de Grenoble, la bien autrement triste maison de la rue des Vieux-Jésuites.

Séraphie, les prêtres, tout ce qui était si terrible et si puissant à Grenoble me manque aux Echelles. Ma tante Camille Poncet, mariée à mon oncle Gagnon, grande et belle personne, était la bonté et la gaieté même. Un ou deux ans avant ce voyage, près du Pont-de-Claix, du côté de Claix, au point A, j'avais entrevu un instant sa peau blanche à deux doigts au-

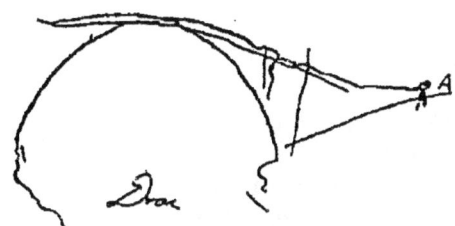

dessus des genoux, comme elle descendait de notre charrette couverte. Elle était pour moi, quand je pensais à elle, un objet du plus ardent désir. Elle vit encore, je ne l'ai pas vue depuis trente ou trente-trois ans, elle a toujours été parfaitement bonne. Etant jeune, elle avait une sensibilité vraie. Elle ressemble beaucoup à ces charmantes femmes de Chambéry (où elle allait souvent, à cinq lieues de chez elle) si bien peintes par J.-J. Rousseau (*Confessions*) ; elle avait une sœur de la beauté la plus fine, du teint le plus pur, avec laquelle il me semble que mon oncle faisait un peu l'amour. Je ne voudrais pas jurer qu'il n'honorât aussi de ses attentions la *Fanchon,* la femme de chambre factotum la meilleure et la plus gaie des filles, quoique point jolie.

Tout fut sensations exquises et poignantes de bonheur dans ce voyage, sur lequel je pourrais écrire vingt pages de superlatifs.

La difficulté, le regret profond de mal peindre et de gâter ainsi un souvenir céleste où le *sujet surpasse* trop le *disant* me donne une véritable peine au lieu du plaisir d'écrire. Je pourrai bien ne pas décrire du tout par la suite le passage du Mont-St-Bernard avec l'armée de réserve (16 au 18 mai 1800) et le séjour à Milan dans la Casa Castelbarco ou dans la Casa Bovara.

Enfin, pour ne pas laisser en blanc le voyage des Echelles, je noterai quelques souvenirs qui doivent donner une idée aussi inexacte que possible des objets qui les causèrent. J'avais huit ans lorsque j'eus cette vision du ciel.

Une idée me vient, peut-être que tout le malheur de mon affreuse vie de Grenoble, de 1790 à 1799, a été un bonheur, puisqu'il a amené le bonheur, que pour moi rien ne peut surpasser, du séjour aux Echelles et du séjour à Milan du temps de Marengo.

Arrivé aux Echelles, je fus l'ami de tout le monde, tout le monde me souriait comme à un enfant rempli d'esprit. Mon grand-père, homme du monde, m'avait dit : « Tu es laid, mais personne ne te reprochera jamais ta laideur. »

J'ai appris, il y a une dizaine d'années, qu'une des femmes qui m'a le mieux ou du moins le plus longtemps aimé, Victorine Bigillion, parlait de moi dans les mêmes termes, après vingt-cinq ans d'absence.

Aux Echelles, je fis mon amie intime de *La Fanchon*, comme on l'appelait. J'étais en respect devant la beauté de ma *laian* Camille et n'osais guère lui parler, je la dévorais des yeux. On me conduisit chez MM. Bonne ou de Bonne, car ils prétendaient fort à la noblesse, je ne sais même s'ils ne se disaient pas parents de Lesdiguières.

J'ai, quelques années après, retrouvé trait pour trait le portrait de ces bonnes gens dans les *Confessions* de Rousseau, à l'article Chambéry.

Bonne l'aîné, qui cultivait le domaine de Berlandet, à dix minutes des Echelles, où il donna une fête charmante avec des gâteaux et du lait, où je fus monté sur un âne mené par Grubillon fils, était le meilleur des hommes ; son frère, M. Blaise, le notaire, en était le plus nigaud. On se moquait toute la journée de M. Blaise, qui riait avec les autres. Leur frère, Bonne-Savardin, négociant à Marseille, était fort élégant ; mais le courtisan de la famille, le roué que tous regardaient avec respect, était au service du roi à Turin, et je ne fis que l'entrevoir.

Je ne me souviens de lui que par un portrait que Mme Camille Gagnon a maintenant dans sa chambre à Grenoble (la chambre de feu mon grand-père ; le portrait, garni d'une croix rouge, dont toute la famille est fière, est placé entre la cheminée et le petit cabinet).

Il y avait aux Echelles une grande et belle fille, Lyonnaise réfugiée.

(Donc la Terreur avait commencé à Lyon, ceci pourrait me donner une date certaine. Ce délicieux voyage eut lieu avant la conquête de la Savoie par le général Montesquiou, comme on disait alors, et après que les royalistes se sauvaient de Lyon.)

Mlle Cochet était sous la tutelle de sa

mère, mais accompagnée par son amant, un beau jeune homme, M..., brun et qui avait l'air assez triste. Il me semble qu'ils venaient seulement d'arriver de Lyon. Depuis, Mlle Cochet a épousé un bel imbécile de mes cousins (M. Doyat, de la Terrasse, et a eu un fils à l'Ecole Polytechnique. Il me semble qu'elle a été un peu la maîtresse de mon père). Elle était grande, bonne, assez jolie et, quand je la connus aux Echelles, fort gaie. Elle fut charmante à la partie de Berlandet. Mais Mlle Poncet, sœur de Camille (aujourd'hui Mme Veuve Blanchet), avait une beauté plus fine, elle parlait fort peu.

La mère de ma tante Camille et de

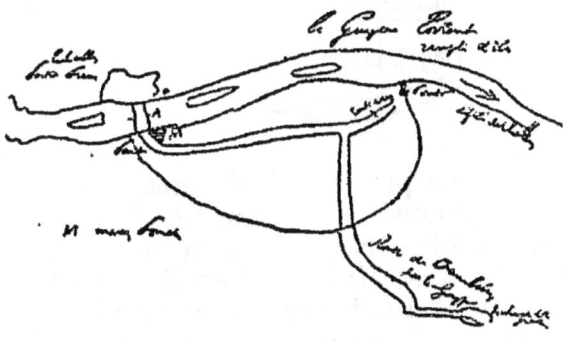

Mlle..., Mme Poncet, sœur des Bonne et de Mme Giraud, et belle-mère de mon oncle, était la meilleure des femmes. Sa maison, où je logeais, était le quartier général de la gaieté.

Cette maison délicieuse avait une galerie de bois, et un jardin du côté du torrent le Guiers. Le jardin était traversé obliquement par la digue du Guiers.

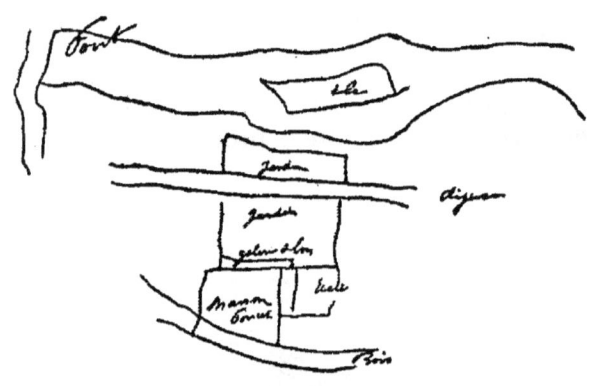

A une seconde partie à Berlandet je me révoltai par jalousie, une demoiselle que j'aimais avait bien traité un rival de vingt ou vingt-cinq ans. Mais quel était l'objet de mes amours ? Peut-être cela me reviendra-t-il comme beaucoup de choses me reviennent en écrivant. Voici le lieu de la scène, que je vois aussi nettement que si je l'eusse quitté il y a huit jours, mais sans physionomie.

De B en C pente de huit ou dix pieds où toutes ces dames étaient assises. On riait, on buvait du ratafia de Teisseire (Grenoble), les verres manquant, dans des dessus de tabatière d'écaille.

Après ma révolte par jalousie, du point A je jetais des pierres à ces dames. Le grand Corbeau (officier en semestre) me prit et me mit sur un pommier ou mûrier en M, au point O, entre deux branches dont je n'osais pas descendre. Je sautai, je me fis mal, je m'enfuis vers Z.

Je m'étais un peu foulé le pied et je fuyais en boitant ; l'excellent Corbeau me poursuivit, me prit et me porta sur ses épaules jusqu'aux Echelles.

Il jouait un peu le rôle de *palito*, me

disant qu'il avait été amoureux de Mlle Camille Poncet, ma tante, qui lui avait préféré le brillant Romain Gagnon, jeune avocat de Grenoble revenant d'émigration à Turin.

J'entrevis à ce voyage Mlle Thérésine Maistre, sœur de M. le Comte de Maistre, surnommé Bance, et c'est Bance, auteur du *Voyage autour de ma chambre*, dont j'ai vu la montée à Rome, vers 1832, il n'est plus qu'un ultra fort poli, dominé par une femme russe, et s'occupant encore de peinture. Le génie et la gaieté ont disparu, il n'est resté que la bonté.

Que dirais-je d'un voyage à la Grotte ? J'entends encore les gouttes silencieuses tomber du haut des grands rochers sur la route. On fit quelques pas dans la grotte avec ces dames : Mlle Poncet eut peur, Mlle Cochet montra plus de courage. Au retour, nous passâmes par le pont Jean-Lioud, (Dieu sait quel est son vrai nom).

Que dirai-je d'une chasse dans le bois de Berland, rive gauche du Guiers, près le pont Jean-Lioud ?

Je glissais souvent sous les immenses hêtres. M..... l'amant de Mlle Cochet, chassait avec..... (les noms et les images sont échappés.) Mon oncle donna à mon père un chien énorme, nommé Berland, de couleur noirâtre. Au bout d'un an ou deux, ce souvenir d'un pays délicieux pour moi mourut de maladie, je le vois encore.

Sous les bois de Berland je plaçai les scènes de l'Arioste.

Les forêts de Berland et les précipices en forme de falaises qui les bornent du côté de la route de Saint-Laurent-du-Pont devinrent pour moi un type cher et sacré. C'est là que j'ai placé tous les enchantements d'Ismen de la *Jérusalem Délivrée*. A mon retour à Grenoble, mon grand-père me laissa lire la traduction de la *Jérusalem* par Mirabaud, malgré toutes les observations et réclamations de Séraphie.

Mon père, le moins élégant, le plus finasseur, le plus politique, disons tout en un mot, le plus Dauphinois des hommes, ne pouvait pas n'être pas jaloux de l'amabilité, de la gaîté, de l'élégance physique et morale de mon oncle.

Il l'accusait de *broder* (mentir). Voulant être aimable comme mon oncle à ce voyage aux Echelles, je voulus broder pour l'imiter.

J'inventai je ne sais quelle histoire de mon rudiment. (C'est un volume caché par moi sous mon lit pour que le maître de latin (était-ce M. Joubert ou M. Durand?) ne me marquât pas (avec l'ongle) les leçons à apprendre aux Echelles.)

Mon oncle découvrit sans peine le mensonge d'un enfant de huit ou neuf ans ; je n'eus pas la prudence d'esprit de lui dire : « Je cherchais à être aimable, comme toi ! » Comme je l'aimais, je m'attendris, et la leçon me fit une impression profonde.

En me *grondant* (reprenant) avec cette raison et cette justice, on eût tout fait de moi. Je frémis en y pensant : si Séraphie eût eu la politesse et l'esprit de son frère, elle eût fait de moi un jésuite.

(Je suis tout *confit de mépris* aujourd'hui. Que de bassesse et de lâcheté il y a dans les généraux de l'Empire ! Voilà le vrai défaut du genre de génie de Napoléon : porter aux premières dignités un homme parce qu'il est brave et a le talent de conduire une attaque. Quel abîme de bassesse et de lâcheté morales que les Pairs qui viennent de condamner le sous-officier Thomas à une prison perpétuelle, sous le soleil de Pondichéry, pour une faute méritant à peine six mois de prison ! Et six pauvres jeunes gens ont déjà subi vingt mois (18 décembre 1835) !

Dès que j'aurai reçu mon *Histoire de la Révolution* de M. Thiers, il faut que j'écrive dans le blanc du volume de 1793, les noms de tous les généraux Pairs qui viennent de condamner M. Thomas, afin de les mépriser suffisamment tout en lisant les belles actions qui les firent connaître vers 1793. La plupart de ces infâmes ont maintenant soixante-cinq à soixante-dix ans. Mon plat ami Félix Faure a la bassesse infâme sans les belles actions. Et M. d'Houdetot ! et Dijon ! Je dirais comme Julien : Canaille ! Canaille ! Canaille !)

Excusez cette longue parenthèse, ô lecteur de 1880 ! Tout ce dont je parle sera oublié à cette époque. La généreuse indignation qui fait palpiter mon cœur m'empêche d'écrire davantage sans ridicule. Si en 1880 on a un gouvernement passable, les cascades, les rapides, les anxiétés par lesquelles la France aura passé pour y arriver seront oubliées, l'histoire n'écrira qu'un seul mot à celui du nom de Louis-Philippe : *le plus fripon des Kings*.

M. de Corbeau, devenu mon ami depuis qu'il m'avait rapporté sur son dos de Berlandet aux Echelles, me menait à la pêche de la truite à la ligne dans le Guiers. Il pêchait entre les portes de Chailles, au bas des précipices du défilé de Chailles, et le pont des Echelles, quelquefois vers le pont Jean-Lioud. Sa ligne avait quinze ou vingt pieds. Vers Chailles, en relevant vivement l'hameçon, sa ligne de crin blanc passa sur un arbre, et la truite de trois-quarts de livre (ce sont les bonnes) nous apparut pendant à vingt pieds de terre au haut de l'arbre, qui était sans feuilles. Quelle joie pour moi [1] !

___
[1] A 4 h 50 m., manque de jour ; je m'arrête.

CHAPITRE 14

MORT DU PAUVRE LAMBERT

JE place ici, pour ne pas le perdre, un dessin dont j'ai orné ce matin une lettre que j'écris à mon ami R. Colomb, qui à son âge, en homme prudent, a été mordu du chien de la Métromanie, ce qui l'a porté à me faire des

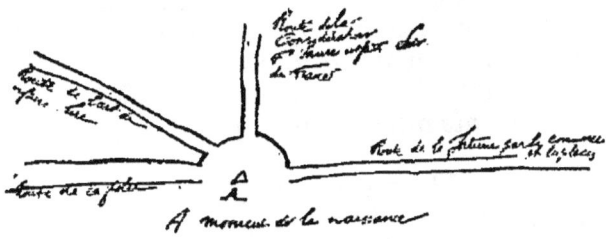

reproches parce que j'ai écrit une préface pour la nouvelle édition de de Brosses ; or, lui aussi avait fait une préface. Cette carte est faite pour répondre à Colomb, qui dit que je vais le mépriser.

J'ajoute : s'il y a un autre monde, j'irai vénérer Montesquieu, il me dira peut-être :

« Mon pauvre ami, vous n'avez eu aucun talent dans l'autre monde. » J'en serai fâché, mais peu surpris ; l'œil ne se voit pas lui-même.

Mais ma lettre à Colomb ne fera que blanchir tous les gens à argent ; quand ils sont arrivés au bien-être, (ils) se mettent à haïr les gens qui ont été lus du public. Les commis des Affaires étrangères seraient bien aises de me donner quelque petit déboire dans mon métier. Cette maladie est plus maligne quand l'homme à argent, arrivé à cinquante ans, prend la manie de se faire écrivain. C'est comme les généraux de l'Empire qui voyant vers 1820 que la Restauration ne voulait pas d'eux, se mirent à aimer *passionnément*, c'est-à-dire comme un *pis aller*, la musique.

Revenons à 1794 ou 95. Je proteste de nouveau que je ne prétends pas peindre les choses, en elles-mêmes, mais seulement leur effet sur moi. Comment ne serais-je pas persuadé de cette vérité par cette simple observation : je ne me souviens pas de la physionomie de mes parents, par exemple de mon excellent grand-père, que j'ai regardé si souvent et avec toute l'affection dont un enfant ambitieux est capable.

Comme, d'après le système barbare

adopté par mon père et Séraphie, je n'avais point d'ami ou de camarade de mon âge, ma *sociabilité* (inclination à parler librement de tout) s'était divisée en deux branches.

Mon grand-père était mon camarade sérieux et respectable.

Mon ami, auquel je disais tout, était un garçon fort intelligent, nommé Lambert, valet de chambre de mon grand-père. Mes confidences ennuyaient souvent Lambert et, quand je le serrais de trop près, il me donnait une petite calotte bien sèche et proportionnée à mon âge. Je ne l'en aimais que mieux. Son principal emploi, qui lui déplaisait fort, était d'aller chercher des pêches à Saint-Vincent près le Fontanil (domaine de mon grand-père). Il y avait près de cette chaumière que j'adorais, des espaliers fort bien exposés qui produisaient des pêches magnifiques. Il y avait des treilles qui produisaient d'excellent *lardan* (sorte de chasselas, celui de Fontainebleau n'en est que la copie). Tout cela arrivait à Grenoble dans deux paniers placés à l'extrémité d'un bâton plat, et ce bâton se balançait sur l'épaule de Lambert qui devait faire ainsi les quatre milles qui séparent Saint-Vincent de Grenoble.

Lambert avait de l'ambition, il était

mécontent de son sort ; pour l'améliorer, il entreprit d'élever des vers à soie, à l'exemple de ma tante Séraphie, qui s'abimait la poitrine en *faisant* des vers à soie à Saint-Vincent. (Pendant ce temps je respirais, la maison de Grenoble, dirigée par mon grand-père et la sage Elisabeth, devenait agréable pour moi. Je me hasardais quelquefois à sortir sans l'indispensable compagnie de Lambert.)

Ce meilleur ami que j'eusse avait acheté un mûrier, (près de Saint-Joseph), il élevait ses vers à soie dans la chambre de quelque maîtresse.

En *ramassant* (cueillant) lui-même les feuilles de ce mûrier, il tomba, on nous le rapporta sur une échelle. Mon grand-père le soigna comme un fils. Mais il y avait commotion au cerveau, la lumière ne faisait plus d'impression sur ses pupilles, il mourut au bout de trois jours. Il poussait dans le délire qui ne le quitta jamais des cris lamentables qui me perçaient le cœur.

Je connus la douleur pour la première fois de ma vie. Je pensai à la mort.

L'arrachement produit par la perte de ma mère avait été de la folie où il entrait à ce qu'il me semble beaucoup d'amour. La douleur de la mort de Lambert fut de la douleur comme je l'ai éprouvée tout le reste de ma vie, une douleur réfléchie, sèche, sans larmes, sans consolation. J'étais navré et sur le point de tomber (ce qui fut vertement blâmé par Séraphie) en entrant dix fois le jour dans la chambre de mon ami dont je regardais la belle figure, il était mourant et expirant.

Je n'oublierai jamais ses beaux sourcils noirs et cet air de force et de santé que son délire ne faisait qu'augmenter. Je le voyais saigner, après chaque saignée je voyais tenter l'expérience de la lumière devant les yeux (sensation qui me fut rappelée le soir de la bataille de Landshut, je crois, 1809).

J'ai vu une fois, en Italie, une figure de Saint Jean regardant crucifier son ami et son Dieu qui tout à coup me saisit par le souvenir de ce que j'avais éprouvé, vingt-cinq ans auparavant, à la mort du *pauvre Lambert*, c'est le nom qu'il prit dans la famille après sa mort. Je pourrais remplir encore cinq ou six pages de souvenirs *clairs* qui me restent de cette grande douleur. On le cloua dans sa bière, on l'emporta.....

Sunt lacrimæ rerum.

Le même côté de mon cœur était ému par certains accompagnements de Mozart dans *Don Juan*.

La chambre du pauvre Lambert était située sur le grand escalier, à côté de l'armoire aux liqueurs *L*.

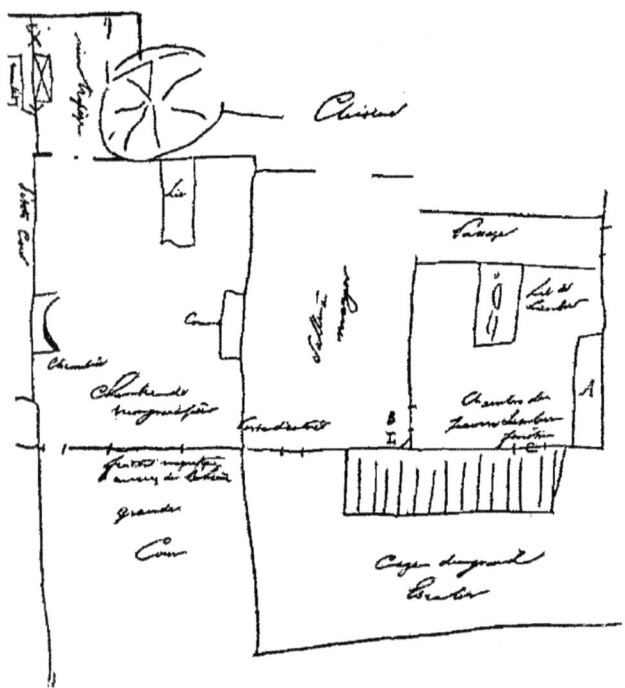

L. Armoire aux liqueurs. — A. Grande armoire de noyer pour le linge de la famille. Le linge était regardé avec une sorte de respect. — B. Porte sur la salle à manger. — C. Fenêtre éclairant mal donnant sur l'escalier, mais fort grande et fort belle.

Huit jours après sa mort, Séraphie se

mit fort justement en colère parce qu'on lui servit je ne sais quel potage (à Grenoble : *soupe*) dans une petite écuelle de faïence ébréchée, (que je vois encore quarante ans après l'événement), qui avait servi à recevoir le sang de Lambert pendant une des saignées. Je fondis en larmes tout à coup, au point d'avoir des sanglots qui m'étouffaient. Je n'avais jamais pu pleurer à la mort de ma mère. Je ne commençai à pouvoir pleurer que plus d'un an après, seul, pendant la nuit, dans mon lit. Séra-

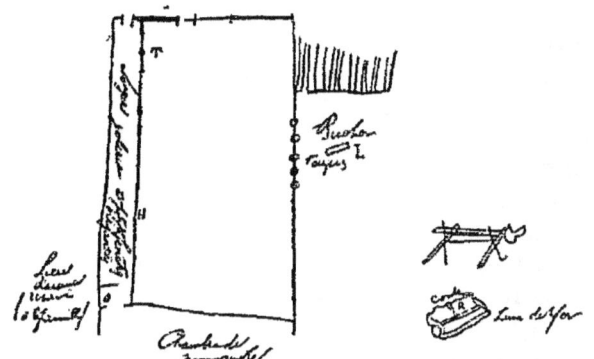

L. Lieu où Lambert sciait les bûches pour la cheminée de mon grand-père. — H. Moi. De là je contemplais les barreaux de bois du bûcher et je me donnais des pâmoisons de... en portant le sang à la tête, en ouvrant la bouche. — T. Thermomètre de mon grand-père.

phie, en me voyant pleurer Lambert, me fit une scène. Je m'en allai à la cuisine en répétant à demi-voix et comme pour me venger : infâme ! infâme !

Mes plus doux épanchements avec mon ami avaient lieu pendant qu'il travaillait à scier le bois au bûcher, séparé de la cour, en C, par une cloison à jours, formée de montants de noyer façonnés au tour, comme une balustrade de jardin.

Après sa mort, je me plaçais dans la galerie, au second étage de laquelle j'apercevais parfaitement les montants de la balustrade, qui me semblaient superbes pour faire des toupies. Quel âge pouvais-je avoir alors ? Cette idée de toupie indique du moins l'âge de ma raison. Je pense à une chose, je puis faire rechercher l'extrait mortuaire du pauvre Lambert, mais *Lambert* était-il un nom de baptême ou de maison ? Il me semble que son frère, qui tenait un petit café de mauvais ton, rue de Bonne, près de la caserne, s'appelait aussi Lambert. Mais quelle différence, grand Dieu ! je trouvais alors qu'il n'y avait rien de si *commun* que ce frère, chez lequel Lambert me conduisait quelquefois. Car il faut l'avouer, malgré mes

opinions parfaitement et foncièrement républicaines, mes parents m'avaient parfaitement communiqué leurs goûts aristocratiques et réservés. Ce défaut m'est resté et par exemple m'a empêché, il n'y a pas dix jours, de cueillir une bonne fortune. J'abhorre la canaille (pour avoir des communications avec), en même temps que sous le nom de *peuple* je désire passionnément son bonheur, et que je crois qu'on ne peut le procurer qu'en lui faisant des questions sur un objet important. C'est-à-dire en l'appelant à se nommer des députés.

Mes amis, ou plutôt prétendus amis, partent de là pour mettre en doute mon sincère libéralisme. J'ai horreur de ce qui est sale, or, le peuple est toujours sale à mes yeux. Il n'y a qu'une exception pour Rome, mais là la saleté est cachée par la férocité. (Par exemple, l'unique saleté du petit abbé sarde Crobras ; mais mon respect sans bornes pour son énergie. Son procès de cinq ans avec ses chefs. *Ubi missa, ibi menia.* Peu d'hommes sont de cette force. Les princes Caetani savent parfaitement ces histoires de M. Crobras de Sartène, je crois, en Sardaigne.) Les pamoisons que je me donnais au point H sont incroyables. C'était au point de me faire éclater une veine. Je viens de me faire mal en les *mimiquant* au moins quarante ans après. Qui se souvient de Lambert aujourd'hui, autre que le cœur de son ami !

J'irai plus loin, qui se souvient d'Alexandrine, morte en janvier 1815, il y a vingt ans ?

Qui se souvient de Métilde, morte en 1825 ?

Ne sont-elles pas à moi, moi qui les aime mieux que tout le reste du monde ? Moi qui pense passionnément à elle, dix fois la semaine, et souvent deux heures de suite [1] ?

---

[1]. Idée : aller passer trois jours à Grenoble, et ne voir Crozet que le troisième jour. Aller seul incognito à Claix, à la Bastille, à la Tronche.

CHAPITRE 15[1]

Ma mère avait eu un rare talent pour le dessin, disait-on souvent dans la famille. « Hélas ! que ne faisait-elle pas bien ? » ajoutait-on avec un profond soupir. Après quoi, silence triste et long. Le fait est qu'avant la Révolution, qui changea tout dans ces provinces reculées, on enseignait le dessin à Grenoble aussi ridiculement que le latin. Dessiner, c'était faire avec de la sanguine des hâchures bien parallèles et imitant la gravure ; on donnait peu d'attention au contour.

Je trouvais souvent de grandes têtes à la sanguine dessinées par ma mère.

Mon grand-père allégua cet exemple, ce *précédent* tout-puissant, et malgré Séraphie j'allai apprendre à dessiner chez M. Le Roy. Ce fut un grand point de gagné, comme M. *Le Roy* demeurait dans la maison Teisseire, avant le grand portail des Jacobins, peu à peu on me laissa aller seul chez lui et surtout revenir.

---

1. A placer *after the death of poor Lambert.*

Cela était immense pour moi. Mes tyrans, je les appelais ainsi en voyant courir les autres enfants, souffraient que j'allasse seul de P en R. Je compris qu'en allant fort vite, car on comptait les minutes, et la fenêtre de Séraphie donnait précisément sur la place Grenette, je pourrais faire un tour sur la place de la Halle, à laquelle on arrivait par le portail L. Je n'étais exposé que pendant le trajet de R en L. L'horloge de Saint-André, qui réglait la ville, sonnait les quarts, je devais sortir à trois heures et demie ou quatre heures (je ne me souviens pas bien lequel) de chez M. Le Roy et cinq minutes après être rentré. M. Le Roy, ou plutôt Madame Le Roy, une diablesse de trente-cinq ans, fort piquante et avec des yeux charmants, était spécialement chargée sous menace, je pense, de perdre un élève payant bien, de ne me laisser sortir qu'à trois heures et quart. Quelquefois, en montant, je m'arrêtais des quarts d'heures entiers, regardant par la fenêtre de l'escalier, en F, sans autre plaisir que de me sentir libre ; dans ces rares moments, au lieu d'être employée à calculer les démarches de mes tyrans, mon imagination se mettait à jouir de tout.

Ma grande affaire fut bientôt de deviner si Séraphie serait à la maison à trois heures et demie, heure de ma rentrée. Ma bonne

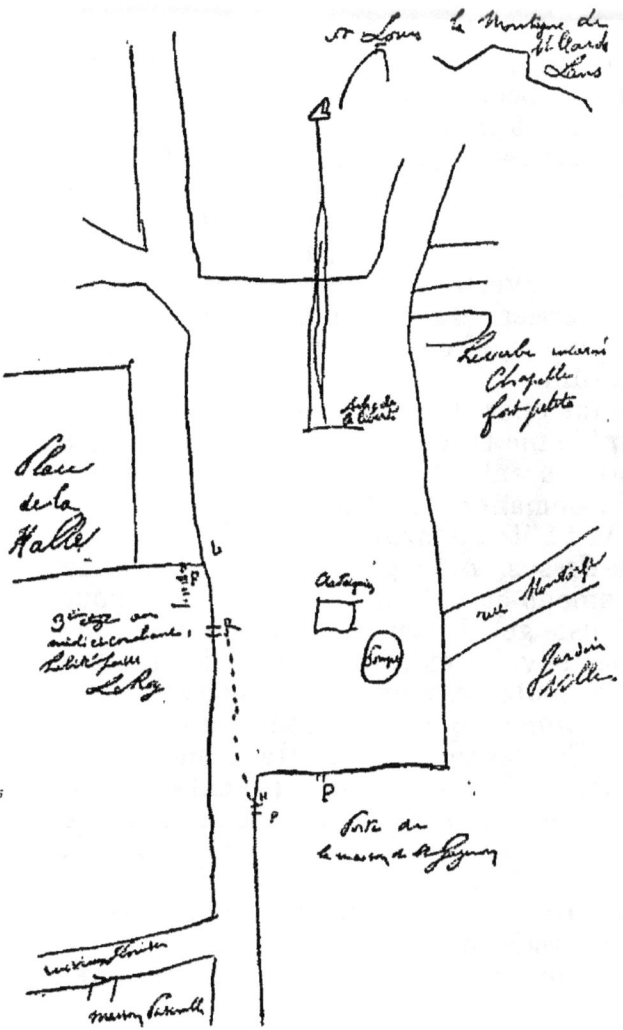

amie Marion (Marie Thomasset, de Vinay), servante de Molière et qui détestait Séraphie m'aidait beaucoup. Un jour que Marion m'avait dit que Séraphie sortait après le café, vers les trois heures, pour aller chez sa bonne amie Mme Vignon, la *boime*, je me hasardai à aller au Jardin de Ville (rempli de petits polissons (gamins). Pour cela, je traversai la place Grenette en passant derrière la baraque des châtaignes et la pompe, et en me glissant par la voûte du jardin.

Je fus aperçu, quelque ami ou protégé de Séraphie me trahit, scène le soir devant les grands-parents. Je mentis, comme de juste, sur la demande de Séraphie :

« As-tu été au jardin de ville ? »

Là-dessus, mon grand-père me gronda doucement et poliment, mais ferme, pour le mensonge. Je sentais vivement ce que je ne savais exprimer. Mentir n'est-il pas la seule ressource des esclaves ? Un vieux domestique, successeur du pauvre Lambert, sorte de La Rancune, fidèle exécuteur des ordres des parents et qui disait avec morosité en parlant de soi : « Je suis assassineur de pots de chambre », fut chargé de me conduire chez M. Le Roy. J'étais libre les jours où il allait à St-Vincent chercher des fruits.

Cette lueur de liberté me rendit furieux.

« Que me feront-ils après tout, me dis-je, où est l'enfant de mon âge qui ne va pas seul ? »

Plusieurs fois j'allai au Jardin de Ville ; si l'on s'en apercevait on me grondait,

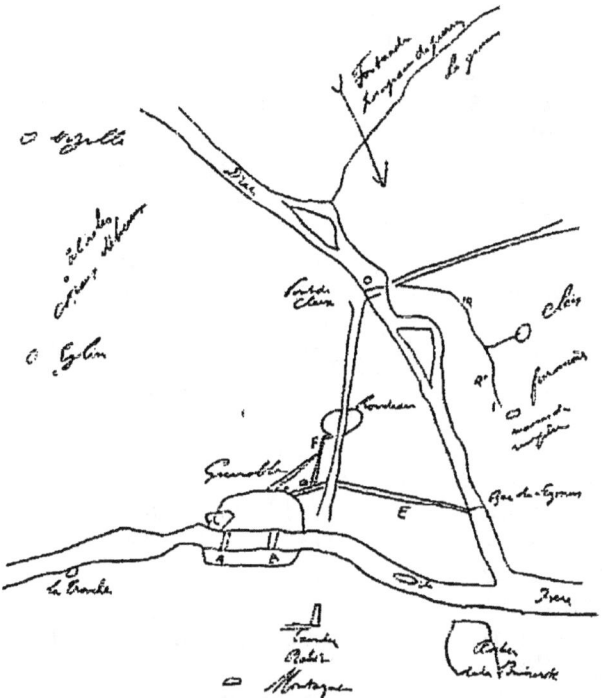

mais je ne répondais pas. On menaça de supprimer le maître de dessin, mais je continuai mes courses. Alléché par un peu de liberté, j'étais devenu féroce. Mon père commençait à prendre sa grande passion pour l'agriculture et il allait souvent à Claix. Je crus m'apercevoir qu'en son absence je commençais à faire peur à Séraphie. Ma tante Élisabeth, par fierté espagnole, n'ayant pas d'autorité légitime, restait neutre ; mon grand-père, d'après son caractère à la Fontenelle, abhorrait les cris ; Marion et ma sœur Pauline étaient hautement pour moi. Séraphie passait pour folle aux yeux de bien des gens, et par exemple aux yeux de nos cousines, mesdames Colomb et Romagnier, femmes excellentes. (J'ai pu les apprécier après que j'ai eu l'âge de raison et quelque expérience de la vie.) Dans ces temps-là, un mot de Mme Colomb me faisait rentrer en moi-même, ce qui me fait supposer qu'avec de la douceur on eût tout fait de moi, probablement un *plat* Dauphinois bien *retors*. Je me mis à résister à Séraphie, j'avais à mon tour des accès de colère abominables.

« Tu n'iras plus chez M. Le Roy », disait-elle.

Il me semble, en y pensant bien, qu'il y eut une victoire de Séraphie, et par conséquent, interruption dans les leçons de dessin.

La Terreur était si douce à Grenoble que mon père, de temps à autre, allait habiter sa maison, rue des Vieux-Jésuites. Là, je vois M. Le Roy me donnant leçon sur le grand bureau noir du cabinet de mon père, et me disant à la fin de la leçon :

« Monsieur, dites à votre *cher* père que je ne puis plus venir pour trente-cinq (ou quarante-cinq) francs par mois. »

Il s'agissait d'assignats qui *dégringolaient* ferme (terme du pays). Mais quelle date donner à cette image fort nette qui m'est revenue tout à coup ? Peut-être était-ce beaucoup plus tard, à l'époque où je peignais à la gouache.

Les dessins de M. Le Roy étaient ce qui m'importait le moins. Ce maître me faisait faire des yeux de profil et de face, et des oreilles à la sanguine d'après d'autres dessins gravés, ce me semble, à la manière du crayon.

M. Le Roy était un *Parisien* fort poli, sec et faible, vieilli par le libertinage le plus excessif (telle est mon impression, mais comment pouvais-je justifier ces mots : le plus excessif ?), du reste poli, civilisé comme on l'est à Paris, ce qui me faisait

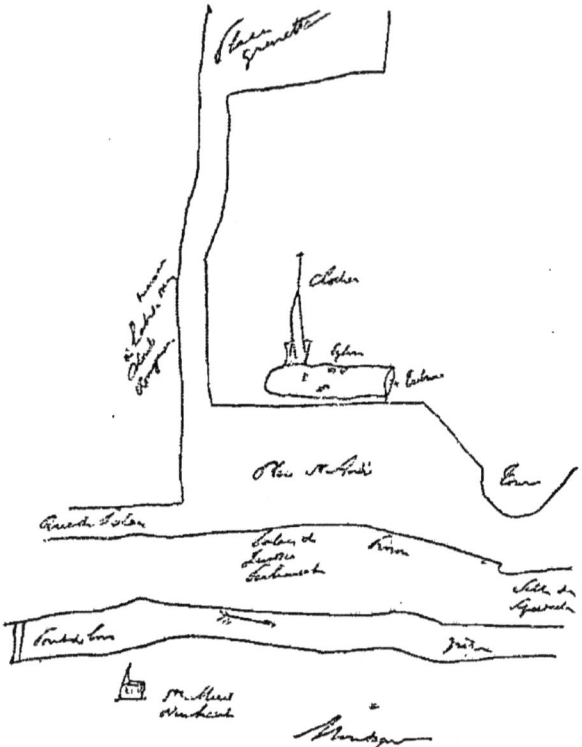

l'effet de : excessivement poli, à moi accoutumé à l'air froid, mécontent, nullement civilisé qui fait la physionomie ordinaire de ces Dauphinois si fins (Voir le caractère de Sorel père, dans le *Rouge*, mais où diable sera le *Rouge* en 1880 ? Il aura passé les sombres bords.)

Un soir, à la nuit tombante, il faisait froid, j'eus l'audace de m'échapper, apparemment en allant rejoindre ma tante Elisabeth chez Mme Colomb, j'osai entrer à la Société des Jacobins, qui tenait ses séances dans l'église de Saint-André. J'étais rempli des héros de l'histoire romaine, je me voyais un jour un Camille ou un Cincinnatus, ou tous les deux à la fois. Dieu sait à quelle peine je m'expose, me disais-je, si quelque *espion de Séraphie*, (c'est mon idée d'alors,) m'aperçoit ici ? Le président était en P, des femmes mal mises en F, moi en H.

On demandait la parole et on parlait avec assez de désordre. Mon grand-père se moquait habituellement, et *gaiement*, de leurs façons de parler. Il me sembla sur-le-champ que mon grand-père avait raison, l'impression ne fut pas favorable, je trouvai horriblement vulgaires ces gens que j'aurais voulu aimer. Cette église étroite et haute était fort mal éclairée, j'y trouvai beaucoup de femmes de la dernière classe. En un mot, je fus alors comme aujourd'hui, j'aime le peuple, je déteste les oppresseurs, mais ce serait pour moi un supplice de tous les instants de vivre avec le peuple.

J'emprunterai pour un instant la langue de Cabanis[1]. J'ai la peau beaucoup trop fine, une peau de femme (plus tard j'avais toujours des ampoules après avoir tenu mon sabre pendant une heure), je m'écorche les doigts, que j'ai fort bien, pour un rien, en un mot la superficie de mon corps est de femme. De là peut-être une horreur incommensurable pour ce qui a l'air *sale*, ou *humide*, ou *noirâtre*. Beaucoup de ces choses se trouvaient aux Jacobins de Saint-André.

En rentrant, une heure après, chez Mme Colomb, ma tante au caractère espagnol me regarda d'un air fort sérieux. Nous sortîmes ; quand nous fûmes seuls dans la rue, elle me dit :

« Si tu t'échappes ainsi, ton père s'en apercevra...

— Jamais de la vie, si Séraphie ne me dénonce pas.

— Laisse-moi parler... Et je ne me soucie pas d'avoir à parler de toi avec ton père. Je ne te mènerai plus chez Mme Colomb. »

Ces paroles, dites avec beaucoup de simplicité, me touchèrent, la laideur des

---

1. Style. Ces mots *pour un instant,* je les eusse effacés en 1830, mais en 1835, je regrette de ne pas en trouver de semblables dans le *Rouge*, 25 déc. 1835.

Jacobins m'avait frappé, je fus pensif le lendemain et les jours suivants : Mon idole était ébranlée. Si mon grand-père avait deviné ma sensation, et je lui aurais tout dit s'il m'en eût parlé au moment où nous arrosions les fleurs sur la terrasse, il pouvait ridiculiser à jamais les Jacobins et me ramener au giron de l'*Aristocratie* (ainsi nommée alors, aujourd'hui parti légitimiste, ou conservateur). Au lieu de diviniser les Jacobins, mon imagination eût été employée à se figurer et à exagérer la saleté de leur salle de Saint-André.

Cette saleté laissée à elle-même fut bientôt effacée par quelque récit de bataille gagnée qui faisait gémir ma famille.

Vers cette époque, les arts s'emparaient de mon imagination, par la voie des sens, dirait un prédicateur. Il y avait dans l'atelier de M. Le Roy un grand et beau paysage : une montagne rapide très voisine de l'œil, garnie de grands arbres ; au pied de cette montagne un ruisseau peu profond, mais large, limpide, coulait de gauche à droite au pied des derniers arbres. Là, trois femmes presques nues, ou sans presque, se baignaient gaiement. C'était presque le seul point clair dans cette toile de trois pieds et demi sur deux et demi.

Ce paysage, d'une verdure charmante, trouvant une imagination préparée par

Félicia devint pour moi l'idéal du bonheur. C'était un mélange de sentiments tendres et de douce volupté. Se baigner ainsi avec des femmes si aimables !

L'eau était d'une limpidité qui faisait un beau contraste avec les puants ruisseaux des *Granges*, remplis de grenouilles et recouverts d'une pourriture verte. Je prenais la plante verte qui croît sur ces sales ruisseaux pour une corruption. Si mon grand-père m'eût dit : « C'est une plante, le moisi même qui gâte le pain est une plante », mon horreur eût rapidement cessé. Je ne l'ai surmontée tout à fait qu'après que M. Adrien de Jussieu, dans notre voyage à Naples (1832), (cet homme si naturel, si sage, si raisonnable, si digne d'être aimé), m'eût parlé au long de ces petites plantes, toujours un peu signes de pourriture à mes yeux, quoique je susse vaguement que c'étaient des plantes.

Je n'ai qu'un moyen d'empêcher mon imagination de me jouer des tours, c'est de marcher droit à l'objet. Je vis bien cela en marchant sur les deux pièces de canon (dont il est parlé dans le certificat du général Michaud)[1].

Plus tard, je veux dire vers 1805, à

---

1. M. Colomb doit avoir ce certificat. (*Note de Beyle.*)
— Oui. (*Note de Colomb*).

Marseille, j'eus le plaisir délicieux de voir ma maîtresse, supérieurement bien faite, se baigner dans l'Huveaune couronnée de grands arbres (dans la bastide de Madame Roy).

Je me rappelai vivement le paysage de M. Le Roy, qui pendant quatre ou cinq ans avait été pour moi l'idéal du bonheur voluptueux. J'aurais pu m'écrier, comme je ne sais quel niais d'un des romans de 1832 : *Voilà mon idéal !*

Tout cela, comme on sent, est fort indépendant du mérite du paysage qui était probablement un plat d'épinards, sans perspective aérienne.

Plus tard, le *Traité nul*, opéra de Gaveau, fut pour moi le commencement de la passion qui s'est arrêtée au *Matrimonio segreto*, rencontré à Ivrée (fin de mai 1800), et à *Don Juan*.

CHAPITRE 16

Je travaillais sur une petite table au point P[1], près de la seconde fenêtre du salon à l'italienne, je traduisais avec plaisir Virgile ou les Métamorphoses d'Ovide, quand un sombre murmure d'un peuple immense, rassemblé sur la place Grenette, m'apprit qu'on venait de guillotiner deux prêtres[2].

C'est le seul sang que la Terreur de 93 ait fait couler à Grenoble.

Voici un de mes grands torts : mon lecteur de 1880, éloigné de la fureur et du sérieux des partis, me prendra en grippe quand je lui avouerai que cette mort, qui glaçait d'horreur mon grand-père, qui rendait Séraphie furibonde, qui redoublait le silence hautain et espagnol de ma

---

1. Voir la figure de la page 157 chap. 11.
2. Stendhal avait écrit : « deux prêtres » et au-dessus : « deux généraux de brigade ». Colomb ajoute cette note : « Il n'y a jamais eu de général de brigade guillotiné à Grenoble. » Plus loin Stendhal reprend sa phrase et écrit : « guillotina *deux prêtres* » et Colomb de noter : « Cela est vrai. »
N. D. L. E.

tante Elisabeth, me fit *pleasure*. Voilà le grand mot écrit.

Il y a plus, il y a bien pis, j'aime encore *in* 1835 *the man of* 1794.

(Voici encore un moyen d'accrocher une date véritable. Le registre du tribunal criminel, actuellement Cour royale, place Saint-André, doit donner la date de la mort de MM. Revenas et Guillabert.)

Mon confesseur, M. Dumolard, du Bourg-d'Oisans, (prêtre borgne et assez bon homme en apparence, depuis 1815 jésuite furieux), me montra, avec des gestes qui me semblèrent ridicules, des prières ou des vers latins écrits par MM. Revenas et Guillabert, qu'il voulait à toute force me faire considérer comme généraux de brigade.

Je lui répondis fièrement :

« Mon bon papa (grand-père) m'a dit qu'il y a vingt ans on pendit à la même place deux ministres protestants.

— Ah ! c'est bien différent !

— Le Parlement condamna les deux premiers pour leur religion, le tribunal civil criminel vient de condamner ceux-ci pour avoir trahi la patrie. »

Si ce ne sont les mots, c'est du moins le sens.

Mais je ne savais pas encore que discuter avec les tyrans est dangereux, on devait lire dans mes yeux mon peu de sympathie pour deux traîtres à la patrie. (Il n'y avait pas en 1795 et il n'y a pas à mes yeux, en 1835, de crime seulement *comparable*.)

On me fit une querelle abominable, mon père se mit contre moi dans une des plus grandes colères dont j'aie souvenance. Séraphie triomphait. Ma tante Elisabeth me fit la morale en particulier. Mais je crois, Dieu me pardonne, que je la convainquis que c'était la peine du talion.

Heureusement pour moi, mon grand-père ne se joignit pas à mes ennemis, en particulier il fut tout à fait d'avis que la mort des deux ministres protestants était aussi condamnable.

« Bien moins, sous le tyran Louis XV la patrie n'était pas en danger. »

Je ne dis pas tyran, mais ma physionomie devait le dire.

Si mon grand-père, qui déjà avait été contre moi dans la bataille abbé Gardon, se fût montré de même dans cette affaire, c'en était fait, je ne l'aimais plus. Nos conversations sur la belle littérature, Horace, M. de Voltaire, le chapitre XV de Bélisaire, les beaux endroits de Télémaque, Séthos, qui ont formé mon esprit, eussent cessé et j'eusse été bien plus malheureux dans tout le temps qui s'écoula de la mort des deux malheureux prêtres à ma passion exclusive pour les mathématiques : printemps ou été 1797.

Tous les après-midi d'hiver se passaient,

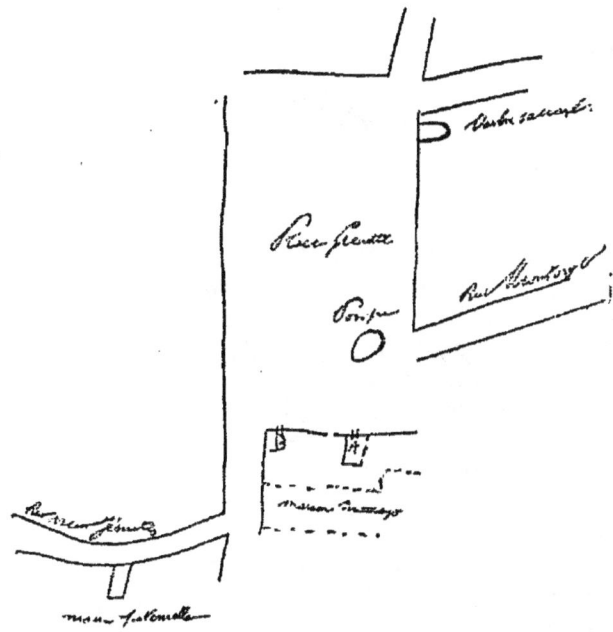

B. Salle à manger du premier étage occupé par mon grand-père avant notre passage à la maison de Marnais.

les jambes au soleil, dans la chambre de ma tante Elisabeth, qui donnait sur la Grenette au point A. Par-dessus l'église de Saint-Louis, ou à côté, pour mieux dire, on voyait le trapèze T de la montagne du Villars-de-Lans. Là était mon imagination, dirigée par l'Arioste de M. de Tressan, elle ne voyait, rêvait, qu'un pré au milieu de hautes montagnes. 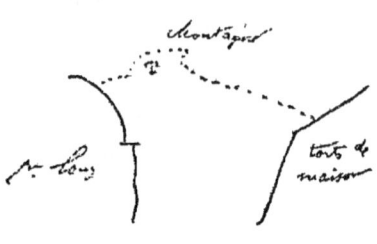 Mon griffonnage d'alors ressemblait beaucoup à l'écriture ci-jointe de mon illustre compatriote [1].

Mon grand-père avait coutume de dire en prenant son excellentissime café, sur les deux heures après-midi, les jambes au soleil : « Dès le 15 février, *dans ce climat*, il fait *bon* au soleil. »

Il aimait beaucoup les idées géologiques et aurait été un partisan ou un adversaire des soulèvements de M. Hélie de Beaumont, qui m'enchantent. Mon grand-père me parlait *avec passion*, c'est là l'essentiel, des idées géologiques d'un M. Guettard, qu'il avait connu, *ce me semble*.

Je remarquai avec ma sœur Pauline,

---

1. Ci-inclus est reliée avec le manuscrit une page autographe de Barnave.

N. D. L. E.

qui était de mon parti, que la conversation dans le plus beau moment de la journée, en prenant le café, consistait toujours en gémissements. On gémissait de tout.

Je ne puis pas donner la réalité des faits, je n'en puis présenter que *l'ombre*.

Nous passions les soirées d'été, de sept à neuf et demie, (à neuf heures, le sein ou saint sonnait à Saint-André, les beaux sons de cette cloche me donnaient une vive émotion). Mon père, peu sensible à la beauté des étoiles (je parlais sans cesse constellations avec mon grand-père), disait qu'il s'enrhumait et allait faire la conversation dans la chambre attenante avec Séraphie.

Cette terrasse, formée par l'épaisseur d'un mur nommé Sarrasin, mur qui avait quinze ou dix-huit pieds, avait une vue magnifique sur la montagne de Sassenage ; là, le soleil se couchait en hiver ; sur le rocher de Voreppe, coucher d'été, et au nord-ouest de la Bastille, dont la montagne (maintenant transformée par le général Haxo) s'élevait au-dessus de toutes les maisons et sur la tour de Rabot, qui fut, ce me semble, l'ancienne entrée de la ville avant qu'on eût coupé le rocher de la Porte-de-France.

Mon grand-père fit beaucoup de dépenses pour cette terrasse. Le menuisier Poncet vint s'établir pendant un an dans le cabinet d'histoire naturelle, dont il fit les

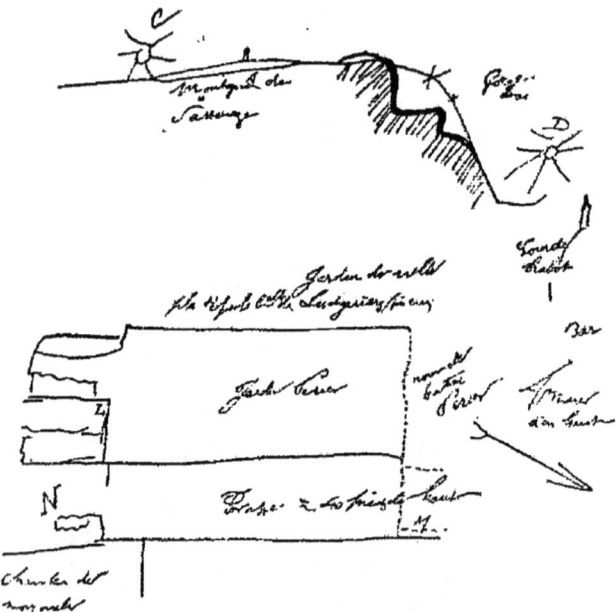

A. Première montagne. — B. Seconde montagne. — C. Coucher de soleil en décembre. — D. Coucher d'été en juin. — L. Cabinet d'été de mon grand-père. Livres de mon oncle. — N. Cabinet où s'établit Poncet. — G. Banc de menuisier auprès duquel je passais ma vie. — M. Cabinet en losange de châtaignier avec forme d'architecture de mauvais goût, à la Bernin.

armoires en bois blanc ; il fit ensuite des caisses de dix-huit pouces de large et deux pieds de haut en châtaignier remplies de bonne terre, de vigne et de fleurs. Deux ceps montaient du jardin de M. Périer-Lagrange, bon imbécile, notre voisin.

Mon grand-père avait fait établir des portiques en liteaux de châtaignier. Ce fut un grand travail dont fut chargé un menuisier nommé Poncet, bon ivrogne de trente ans assez gai. Il devint mon ami, car enfin avec lui je trouvais la douce égalité.

Mon grand-père arrosait ses fleurs tous les jours, plutôt deux fois qu'une, Séraphie ne venait jamais sur cette terrasse, c'était un moment de répit. J'aidais toujours mon grand-père à arroser les fleurs, et il me parlait de Linné et de Pline, non pas par devoir mais avec plaisir.

Voilà la grande et extrême obligation que j'ai à cet excellent homme. Par surcroît de bonheur, il se moquait fort des pédants (les Lerminier, les Salvandy, les..... d'aujourd'hui), il avait un esprit dans le genre de M. Letronne qui vient de détrôner Memnon (*ni plus ni moins que la statue de Memnon*). Mon grand-père me parlait avec le même intérêt de l'Egypte, il me fit voir la momie achetée, par son influence, pour la Bibliothèque publique ; là, l'excellent Père Ducros (le premier homme supérieur auquel j'ai parlé en ma vie), eut mille complaisances pour moi. Mon grand-père, fort blâmé par Séraphie appuyée du silence de mon père, me fit lire *Séthos* (lourd roman de l'abbé Terrasson), alors divin pour moi. Un roman est comme un archet, la caisse du violon *qui rend les sons*, c'est l'âme du lecteur. Mon âme alors était folle, et je vais dire pourquoi.

Pendant que mon grand-père lisait,

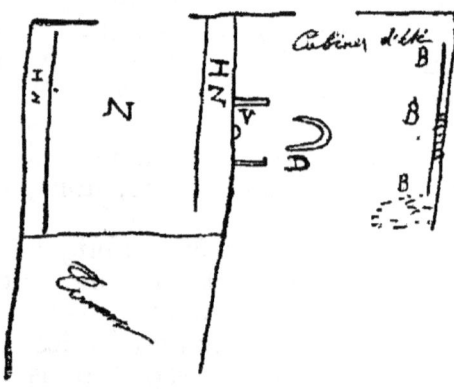

assis dans un fauteuil en D, vis-à-vis le petit buste de Voltaire en V, je regardais sa Bibliothèque placée en B, j'ouvrais les volumes in-4° de Pline, traduction avec texte en regard. Là, je cherchais surtout l'histoire naturelle de la *femme*.

L'odeur excellente, c'était de l'ambre ou du musc (qui me font malade depuis seize ans, c'est peut-être la même odeur ambre et musc). Enfin, je fus attiré vers un tas de livre brochés — jetés confusément en L C'étaient de mauvais romans non reliés que mon oncle avait laissés à Grenoble, lors de son départ pour s'établir aux Echelles (Savoie), près le Pont-de-Beauvoisin. Cette découverte fut décisive pour mon caractère. J'ouvris quelques-uns de ces livres, c'étaient de plats romans de 1780, mais pour moi, c'était l'essence de la volupté.

Mon grand-père me défendit d'y toucher, mais j'épiais le moment où il était le plus occupé dans son fauteuil à lire les livres nouveaux dont je ne sais comment il avait toujours grande abondance, et je volais un volume des romans de mon oncle. Mon grand-père s'aperçut sans doute de mes larcins, car je me vois établi dans le cabinet d'histoire naturelle, épiant que quelque malade vînt le demander. Dans ces circonstances, mon grand-père gémissait de se voir enlevé à ses chères études et allait recevoir le malade dans sa chambre ou dans l'antichambre du grand appartement. Crac ! je passais dans le cabinet d'études, en L, et je volais un volume.

Je ne saurais exprimer la passion avec laquelle je lisais ces livres. Au bout d'un mois ou deux, je trouvai *Félicia ou mes fredaines*. Je devins fou absolument, la possession d'une maîtresse réelle, alors l'objet de tous mes vœux, ne m'eût pas plongé dans un tel torrent de volupté.

Dès ce moment ma vocation fut décidée : vivre à Paris en faisant des comédies comme Molière.

Ce fut là mon idée fixe que je cachai sous une dissimulation profonde, la tyrannie de Séraphie m'avait donné les habitudes d'un esclave.

Je n'ai jamais pu parler de ce que j'adorais, un tel discours m'eût semblé un blasphème.

Je sens cela aussi vivement en 1835 que je le sentais en 1794.

Ces livres de mon oncle portaient l'adresse de M. Falcon, qui tenait alors l'unique cabinet littéraire, c'était un chaud patriote profondément méprisé par mon grand-père et parfaitement haï par Séraphie et mon père.

Je me mis par conséquent à l'aimer, c'est peut-être le Grenoblois que j'ai le plus estimé. Il y avait dans cet ancien laquais de Mme de Brizon (ou d'une autre dame de la rue Neuve, chez laquelle mon grand-père avait été servi à table par lui), il y avait dans ce laquais une âme vingt fois plus noble que celle de mon grand-père, de mon oncle, je ne parlerai pas de mon père et du jésuite Séraphie. Peut-être ma seule tante Elisabeth lui était-elle comparable. Pauvre, gagnant peu et dédaignant de gagner de l'argent, Falcon plaçait un drapeau tricolore en dehors de sa boutique à chaque victoire des armées, et les jours de fête de la République.

Il a adoré cette République du temps de Napoléon comme sous les Bourbons, et est mort à quatre-vingt-deux ans, vers 1820, toujours pauvre, mais honnête jusqu'à la plus extrême délicatesse.

En passant, je lorgnais la boutique de Falcon qui avait un grand toupet à l'œil au Royal, parfaitement poudré, et arborait un bel habit rouge à grands boutons d'acier, la mode d'alors, les jours heureux pour sa chère République. C'est le plus bel exemple du caractère dauphinois. Sa boutique était vers la place Saint-André, je me rappelle son déménagement. Falcon vint occuper la boutique A, dans l'ancien Palais des Dauphins où siégeait le Parlement et ensuite la Cour royale. Je passais exprès sous le passage B pour le voir. Il avait une fille fort laide, le sujet ordinaire des plaisanteries de ma tante Séraphie, qui l'accusait de faire l'amour avec les patriotes qui venaient lire les journaux dans le cabinet littéraire de son père.

Plus tard, Falcon s'établit en A'. Alors

j'avais la hardiesse d'aller lire chez lui. Je ne sais pas si, dans le temps où je volais les livres de mon oncle, j'eus la hardiesse de m'abonner chez lui; il me

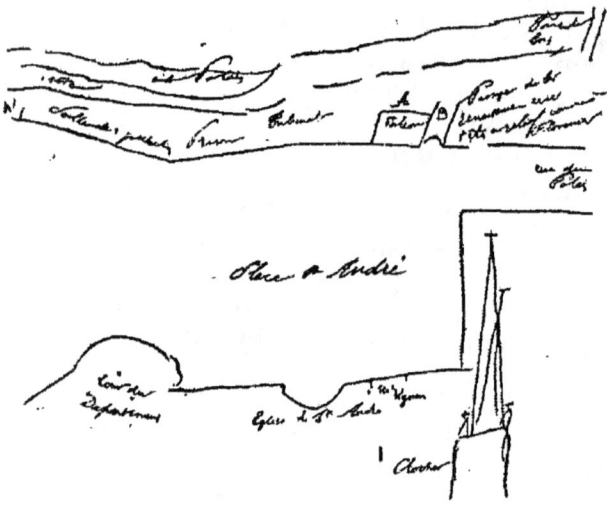

semble que, d'une façon quelconque, j'avais de ses livres.

Mes rêveries furent dirigées puissamment par la *Vie et les aventures* de Mme de ***[1], roman extrêmement touchant, peut-être

---

[1] Voici le titre : *Vie, faiblesses et repentir d'une Femme.* J'en ai un exemplaire mais en très mauvais état par l'humidité. *Note de R. Colomb.*

fort ridicule, car l'héroïne était prise par les sauvages. Je prêtai, ce me semble, ce roman à mon ami Romain Colomb qui encore aujourd'hui en a gardé le souvenir.

Bientôt je me procurai la *Nouvelle-Héloïse*, je crois que je la pris au rayon le plus élevé de la bibliothèque de mon père, à Claix.

Je la lus couché sur mon lit dans mon *trapèze* à Grenoble, après avoir eu soin de m'enfermer à clef, et dans des transports de bonheur et de volupté impossibles à décrire. Aujourd'hui, cet ouvrage me semble pédantesque et, même en 1819, dans les transports de l'amour le plus fou, je ne pus pas en lire vingt pages de suite. Dès lors, voler des livres devint ma grande affaire.

J'avais un coin à côté du bureau de mon père, rue des Vieux-Jésuites, où je déposais, à demi cachés par leur humble position, les livres qui me plaisaient ; c'étaient des exemplaires du Dante avec des gravures sur bois bizarres, des traductions de Lucien par Perrot d'Ablancourt (les belles infidèles), la correspondance de Milord *All-eye* avec Milord *All-ear*, du marquis d'Argens, et enfin les *Mémoires d'un homme de qualité retiré du monde.*

Je trouvai moyen de me faire ouvrir le cabinet de mon père, qui était désert depuis la fatale tyrannie Amar et Merlino, et je passai une revue exacte de tous les livres. Il avait une superbe collection d'Élzevirs, mais malheureusement je ne comprenais rien au latin, quoique sachant par cœur le *Selectæ e Profanis*. Je trouvai quelques livres in-12, au-dessus de là petite porte communiquant au salon, et j'essayai de lire quelques articles de l'*Encyclopédie*. Mais qu'était-ce que tout cela auprès de *Félicia* et de la *Nouvelle-Héloïse* ?

Ma confiance littéraire en mon grand-père était extrême, je comptais bien qu'il ne me trahirait pas envers Séraphie et mon père. Sans avouer que j'avais lu la *Nouvelle-Héloïse*, j'osai lui en parler avec éloge. Sa conversion au jésuitisme ne devait pas être ancienne, au lieu de m'interroger avec sévérité il me raconta que M. le baron des Adrets (le seul des amis chez qui il eût continué à dîner deux ou trois fois par mois, depuis la mort de ma mère), dans le temps que parut la *Nouvelle-Héloïse* (n'est-ce pas 1770 ?), se fit attendre un jour à dîner chez lui ; Mme des Adrets le fit avertir une seconde fois, enfin cet homme si froid arriva tout en larmes.

« Qu'avez-vous donc, mon ami ? » lui dit Mme des Adrets, tout alarmée.

« Ah ! Madame, Julie est morte ! » et il ne mangea presque pas.

Je dévorais les annonces de livres à vendre qui arrivaient avec les journaux. Mes parents recevaient alors, ce me semble, un journal en société avec quelqu'un.

J'allais m'imaginer que Flórian devait être un livre sublime, apparemment d'après les titres : *Gonzalve de Cordoue, Estelle*, etc.

Je mis un petit écu (3 francs) dans une lettre et j'écrivis à un libraire de Paris de m'envoyer un certain ouvrage de Florian. C'était hardi, qu'eût dit Séraphie à l'arrivée du paquet ?

Mais enfin il n'arriva jamais, et avec un louis, que mon grand-père m'avait donné le jour de l'an, j'achetai un Florian. Ce fut des œuvres de ce grand homme que je tirai ma première comédie.

CHAPITRE 17

Séraphie avait fait son amie intime d'une certaine Mme Vignon, la première *boime* de la ville. (*Boime*, à Grenoble, veut dire hypocrite doucereuse, jésuite femelle.) Mme Vignon demeurait au troisième étage, place Saint-André, et était femme d'un procureur, je crois, mais respectée comme une mère de l'Église, plaçant les prêtres et en ayant toujours chez elle de passage. Ce qui me touchait, c'est qu'elle avait une fille de quinze ans qui ressemblait assez à un lapin blanc, dont elle avait les yeux gros et rouges. J'essayai, mais en vain, d'en devenir amoureux pendant un voyage d'une semaine ou deux que nous fîmes à Claix. Là, mon père ne se cachait nullement et a toujours habité sa maison, la plus belle du canton.

À ce voyage il y avait Séraphie, Mme et Mlle Vignon, ma sœur Pauline, moi, et peut-être un M. Blanc, de Seyssins, personnage ridicule qui admirait beaucoup les jambes nues de Séraphie. Elle sortait jambes nues, sans bas, le matin, dans le *clos*.

J'étais tellement emporté par le diable que les jambes de ma plus cruelle ennemie me firent impression. Volontiers j'eusse été amoureux de Séraphie. Je me figurais un plaisir délicieux à serrer dans mes bras cette ennemie acharnée.

Malgré sa qualité de demoiselle à marier, elle fit ouvrir une grande porte condamnée qui, de sa chambre, donnait sur l'escalier de la place Grenette, et à la suite d'une scène abominable, dans laquelle je vois encore sa figure, fit faire une clef. Apparemment son père lui refusait celle de cette porte.

Elle introduisait ses amies par cette porte et entre autres cette Mme Vignon, Tartufe femelle, qui avait des oraisons particulières pour les saints, et que mon bon grand-père eût eu en horreur si son caractère à la Fontenelle lui eût permis :

1° de sentir l'horreur ;

2° de l'exprimer.

Mon grand-père employait son grand juron contre cette Mme Vignon : Le Diable te crache au cul ?

Mon père se cachait toujours à Grenoble, c'est-à-dire qu'il logeait chez mon grand-père et ne sortait pas de jour. La passion politique ne dura que dix-huit mois. Je me vois allant de sa part chez Allier, libraire;

place Saint-André, avec cinquante francs en assignats, pour acheter la Chimie de Fourcroy, qui le conduisit à la passion pour l'agriculture. Je conçois bien la naissance de ce goût : il ne pouvait promener qu'à Claix.

Mais tout cela ne fut-il pas causé par ses amours avec Séraphie, si amour y a ? Je ne puis voir la physionomie des choses, je n'ai que ma mémoire d'enfant. Je vois des images, je me souviens des effets sur mon cœur, mais pour les causes et la physionomie néant. C'est toujours comme les fresques du Campo Santo de Pise, où l'on aperçoit fort bien un bras, et le morceau d'à côté, qui représentait la tête, est tombé. Je vois une suite d'images *fort nettes*, mais sans physionomie autre que celle qu'elles eurent à mon égard. Bien plus, je ne vois cette physionomie que par le souvenir de l'effet qu'elle produisit sur moi[1].

Mon père éprouva bientôt une sensation digne du cœur d'un tyran. J'avais une grive privée qui se tenait ordinairement sous les chaises de la salle à manger. Elle avait perdu un pied à la bataille et marchait en sautant. Elle se défendait contre les chats, chiens, et tout le monde la protégeait, ce qui était fort obligeant

---

[1] Mettre un mot des promenades forcées aux Granges

pour moi, car elle remplissait le plancher de taches blanches peu propres. Je nourrissais cette grive d'une façon peu propre, avec les *chaplepans* noyés dans la *benne* de de la cuisine (cafards noyés dans le seau de l'eau sale de la cuisine).

Sévèrement séparé de tout être de mon âge, ne vivant qu'avec des vieux, cet enfantillage avait du charme pour moi.

Tout-à-coup, la grive disparut, personne ne voulut me dire comment : quelqu'un, par inadvertance, l'avait écrasée en ouvrant une porte. Je crus que mon père l'avait tuée par méchanceté ; il le sut, cette idée lui fit peine, un jour il m'en parla en termes fort indirects et fort délicats.

Je fus sublime, je rougis jusqu'au blanc des yeux, mais je n'ouvris pas la bouche. Il me pressa de répondre, même silence ; mais les yeux, que j'avais fort expressifs à cet âge, devaient parler.

Me voilà vengé, tyran, de l'air doux et paternel avec lequel tu m'as forcé tant de fois d'aller à cette détestable promenade des *Granges* au milieu des champs arrosés avec les *voitures de minuit* (poudrette de la ville).

Pendant plus d'un mois je fus fier de cette vengeance ; j'aime cela dans un enfant[1].

1. 20 décembre 1835, faits à placer en leur temps, mis ici pour ne pas l'oublier : inspecteur du mobilier de la couronne,

La passion de mon père pour son domaine de Claix et pour l'agriculture devenait extrême. Il faisait faire de grandes *réparations*, amendements, par exemple *miner* le terrain, le défoncer à deux pieds et demi de profondeur et emporter dans un coin du champ toutes les pierres plus grosses qu'un œuf. Jean Vial, notre ancien jardinier, Charrière, Mayousse, le vieux..., ancien soldat, exécutaient ces travaux par *prix faits*, par exemple vingt écus (soixante francs) pour miner une tière, espace de terre compris entre deux rangées de hautaies ou bien d'érables porteurs de vignes.

Mon père planta les grandes Barres,

---

comment, 1811. Après l'objection de l'Empereur, je devins inspecteur du mobilier au moyen de mon acte de naissance, 2° du certificat Michaud, 3° de l'addition de nom. La faute est de ne pas avoir mis Brulard de la Jomate (la Jomate étant à *nous*). M. de Baure était un magistrat parfaitement sage et poli de la fin du XVIII° siècle ; il aimait ce qui était honnête et droit, et n'aurait commis une mauvaise action qu'à la dernière nécessité et à son corps défendant. Du reste, de l'esprit, disert, bien disant, possédant une grande connaissance des auteurs, ami particulier de M. le Colonel de Beaussac et de M. de Villaret, évêque, grand, maigre, digne, avec de petits yeux malins et un nez infini ; il me faut un excellent et très digne archer. Il souffrait pour de l'argent ce que je n'aurais souffert pour rien, d'être vilipendé par le comte D., dont il était le secrétaire général. Ce fut lui qui, pour obliger M. Petit (car moi, avec mon étourderie, et mes idées de haute et franche vertu, je devais le choquer vingt fois par jour) moyenna toute ma nomination après l'objection de l'Empereur. Mourut à Amsterdam le ..... septembre ou novembre 1811.

ensuite la Jomate, où il arracha la vigne basse. Il obtint par échange de l'hôpital (qui l'avait eue, ce me semble, par le testament d'un M. Gutin, marchand de draps) la vigne du Molard (entre le verger et notre Molard à nous), il l'arracha, la mina en enterrant le *Murger* (tas de pierres de sept à dix pieds de haut), et enfin la planta.

Il m'entretenait longuement de tous ces projets, il était devenu un vrai *propriétaire du Midi*.

C'est un genre de folie qui se rencontre souvent au midi de Lyon et de Tours ; cette manie consiste à acheter des champs qui rendent un ou deux pour cent, à retirer, pour cela faire, de l'argent prêté au cinq ou six, et quelquefois à emprunter au cinq pour *s'arrondir*, c'est le mot, en achetant des champs qui rapportent le deux. Un ministre de l'Intérieur qui se douterait de son métier entreprendrait une mission contre cette manie qui détruit l'aisance et toute la partie du bonheur qui tient à l'argent, dans les vingt départements au midi de Tours et de Lyon.

Mon père fut un exemple mémorable de cette manie, qui tient à la fois à l'avarice, à l'orgueil et à la manie nobiliaire.

CHAPITRE 18

LA PREMIÈRE COMMUNION

CETTE manie, qui a fini par ruiner radicalement mon père et par me réduire, pour tout potage, à mon tiers de la dot de ma mère, me procura beaucoup de bien-être vers 1794.

Mais avant d'aller plus loin, il faut dépêcher l'histoire de ma première communion antérieure, ce me semble, au 21 juillet 1794 [1].

Ce fut un prêtre infiniment moins coquin que l'abbé Raillanne, il faut l'avouer, qui fut chargé de cette grande opération de ma première communion, à laquelle mon père, fort dévot dans ce temps-là, attachait la plus grande importance. Le jésuitisme de l'abbé Raillanne faisait peur même à mon père ; c'est ainsi que M. Coissi a fait peur, ici même, au jésuite.

---

[1]. Ce qui me console un peu de l'impertinence d'écrire tant de *je* et de *moi*, c'est que je suppose que beaucoup de gens fort ordinaires de ce XIX° siècle font comme moi. On sera donc inondé de Mémoires vers 1880, et, avec mes *je* et mes *moi*, je ne serai que comme tout le monde. M. de Talleyrand, M. Molé écrivent leurs mémoires. M. Delécluse aussi.

Ce bon prêtre, si bonhomme en apparence, s'appelait Dumolard et était un paysan rempli de simplesse et né dans les environs de la Matheysine, ou de La Mure, près le bourg d'Oisans. Depuis, il est devenu un grand jésuite et a obtenu la charmante cure de la Tronche, à dix minutes de Grenoble. (C'est comme la sous-préfecture de Sceaux pour un sous-préfet, âme damnée des ministres ou qui épouse une de leurs bâtardes.)

Dans ce temps-là, M. Dumolard était tellement bonhomme que je pus lui prêter une petite édition italienne de l'Arioste en quatre volumes in-18. Peut-être pourtant ne la lui ai-je prêtée qu'en 1803.

La figure de M. Dumolard n'était pas mal, à cela près d'un œil qui était toujours fermé ; il était borgne, puisqu'il faut le dire, mais ses traits étaient bien et exprimaient non seulement la bonhomie, mais, ce qui est bien plus ridicule, une franchise gaie et parfaite. Réellement il n'était pas coquin en ce temps-là, ou pour mieux dire, en y réfléchissant, ma pénétration de douze ans, exercée par une solitude complète, fut complètement trompée, car depuis il a été un des plus profonds jésuites de la ville, et d'ailleurs son excellentissime cure, à portée des dévotes de la ville, *jure pour lui* et contre ma niaiserie de douze ans.

M. le Premier Président de Barral, l'homme le plus indulgent et le mieux élevé, me dit vers 1816, je crois, en me promenant dans son magnifique jardin de la Tronche, qui touchait la cure :

« Ce Dumolard est un des plus fieffés coquins de la troupe.

— Et M. Raillanne, lui dis-je ?

— Oh ! le Raillanne les passe tous. Comment M. votre père avait-il pu choisir un tel homme ?

— Ma foi, je l'ignore, je fus victime, et non pas complice. »

Depuis deux ou trois ans, M. Dumolard disait la messe souvent chez nous, dans le salon à l'italienne de mon grand-père. La Terreur, qui jamais ne fut Terreur en Dauphiné, ne s'aperçut jamais que quatre-vingts ou cent dévotes sortaient de chez mon grand-père tous les dimanches, à midi. J'ai oublié de dire que tout petit on me faisait servir ces messes[1], et je ne m'en acquittais que trop bien. J'avais un air très décent et très sérieux. Toute ma vie les cérémonies religieuses m'ont extrê-

---

1 A cette époque, je servais une et quelquefois deux messes par jour, ce qui probablement m'a empêché de me rappeler que l'auteur faisait la même besogne. *Note de Colomb.*

mement ému. J'avais longtemps servi la messe de ce coquin d'abbé Raillanne, qui allait la dire à la Propagation, au bout de la rue Saint-Jacques, à gauche ; c'était un couvent et nous disions notre messe dans la tribune.

Nous étions tellement enfants, Reytiers et moi, qu'un grand événement, un jour, fut que Reytiers, apparemment par timidité, fit pipi pendant la messe, que je servais, sur un prie-Dieu de sapin. Le pauvre diable cherchait à absorber, consommer, essuyer l'humidité produite à sa grande honte, en frottant son genou contre la planche horizontale du prie-Dieu. Ce fut une grande scène. Nous entrions souvent chez les nonnes ; l'une d'elles, grande et bien faite, me plaisait beaucoup, on s'en aperçut sans doute, car en ce genre j'ai toujours été un grand maladroit, et je ne la vis plus. Une de mes remarques fut que madame l'abbesse avait une quantité de points noirs au bout du nez, je trouvais cela horrible.

Le Gouvernement était tombé dans l'abominable sottise de persécuter les prêtres. Le bon sens de Grenoble et sa méfiance de Paris nous sauvèrent de ce que cette sottise avait de trop âpre.

Les prêtres se disaient bien persécutés, mais soixante dévotes venaient à 11 heures du matin entendre leur messe dans le salon de mon grand-père. La police ne pouvait même faire semblant de l'ignorer. La sortie de notre messe faisait foule dans la Grande rue.

CHAPITRE 19

Mon père fut rayé de la liste des suspects (ce qui, pendant vingt et un mois, avait été l'objet unique de notre ambition) le 21 juillet 1794, à l'aide des beaux yeux de ma jolie cousine Joséphine Martin.

Il fit alors de longs séjours à Claix (c'est-à-dire à Furonières). Mon indépendance prit naissance comme la liberté dans les villes d'Italie vers le VIIIe siècle[1], par la faiblesse de mes tyrans.

Pendant les absences de mon père, j'inventai d'aller travailler rue des Vieux-Jésuites dans le salon de notre appartement où, depuis quatre ans, personne n'avait mis les pieds[2].

---

1. A vérifier sur la dissertation 55 de Muratori, lue il y a quinze jours et déjà oubliée quant à la date.
2. Face à cet endroit, Stendhal a tracé le plan du quartier reproduisant à peu près exactement celui que l'on trouvera p. 44. A l'angle de la Grande-Rue et de la rue du Département était indiqué l'emplacement du « Café tenu par M. Genoud, père de M. de Genoude, de la *Gazette de France* ». Romain Colomb ajouta cette note au crayon : « Le café Genoude était sur la place Saint-André, dans la maison qu'habitait Mme Vignon, je crois ; celui de la Grande-Rue était tenu par Charréa. »

Cette idée, fille du besoin du moment, comme toutes les inventions de la mécanique, avait d'immenses avantages. D'abord j'allais seul rue des Vieux-Jésuites, à deux cents pas de la maison Gagnon ; secundo, j'y étais à l'abri des incursions de Séraphie qui, chez mon grand-père, venait, quand elle avait le diable au corps plus qu'à l'ordinaire, visiter mes livres et fourrager mes papiers.

Tranquille dans le salon silencieux où était le beau meuble brodé par ma pauvre mère, je commençai à travailler avec plaisir. J'écrivis ma comédie appelée, je crois, *M. Piklar*.

Pour écrire, j'attendais toujours le moment du génie.

Je n'ai été corrigé de cette manie que bien tard. Si je l'eusse chassée plus tôt, j'aurais fini ma comédie de *Letellier et Saint-Bernard*, que j'ai portée à Moscou et, qui plus est, rapportée (et qui est dans mes papiers, à Paris). Cette sottise a nui beaucoup à la quantité de mes travaux. Encore en 1806, j'attendais le moment du génie pour écrire. Pendant tout le cours de ma vie, je n'ai jamais parlé de la chose pour laquelle j'étais passionné, la moindre objection m'eût percé le cœur. Mais je n'ai jamais parlé littérature. Mon ami alors intime M. Adolphe de Mareste (né à Grenoble vers 1782), m'écrivit à Milan pour me donner son avis sur la *Vie de Haydn, Mozart et Métastase*. Il ne se doutait nullement que j'en fusse *the author*.

Si j'eusse parlé, vers 1795, de mon projet d'écrire, quelque homme sensé m'eût dit : « Ecrivez tous les jours pendant deux heures, génie ou non. » Ce mot m'eût fait employer dix ans de ma vie dépensés niaisement à attendre le *génie*.

Mon imagination avait été employée à prévoir le mal que me faisaient mes tyrans et à les maudire ; dès que je fus libre, en H, dans le salon de ma mère, j'eus le loisir d'avoir du goût pour quelque chose. Ma passion fut : les médailles moulées en plâtre sur des moules ou creux de soufre. J'avais eu auparavant une petite passion : l'amour des épinaux, bâtons noueux pris dans les haies d'aubépine, je crois ; la chasse.

Mon père et Séraphie avaient comprimé les deux. Celle pour les épinaux disparut sous les plaisanteries de mon oncle ; celle pour la chasse, appuyée sur les rêveries de volupté nourries par le paysage de M. Le Roy et sur les images vives que mon imagination avait fabriquées en lisant l'Arioste, devint une fureur, me fit adorer *la Maison rustique*, Buffon, me fit écrire sur les animaux, et enfin n'a péri que par la satiété. A Brunswick,

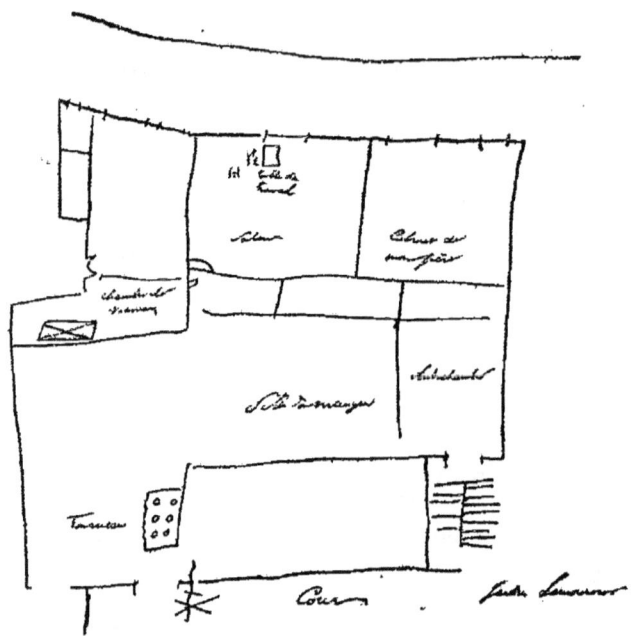

en 1808, je fus un des chefs de chasses où l'on tuait cinquante ou soixante lièvres avec des battues faites par des paysans. J'eus horreur de tuer une biche, cette horreur a augmenté. Rien ne me semble plus plat aujourd'hui que de changer un oiseau charmant en quatre onces de chair morte.

Si mon père, par peur bourgeoise, m'eût permis d'aller à la chasse, j'eusse été plus leste, ce qui m'eût servi pour la guerre. Je n'y ai été leste qu'à force de *force*.

Je reparlerai de la chasse, revenons aux médailles [1].

---

[1]. Caractère *of my father* Chérubin B. — Il n'était point avare, mais bien passionné. Rien ne lui coûtait pour satisfaire la passion dominante : ainsi pour faire *miner* une *tière*, il ne m'envoyait pas à Paris les 150 francs par mois, sans lesquels je ne pouvais vivre.
Il eut la passion pour l'agriculture et pour Claix, puis un an ou deux de passion pour bâtir (la maison de la rue de Bonne, dont j'eus la sottise de faire le plan avec Mante). Il empruntait à huit ou dix pour cent à l'effet de terminer une maison qui un jour lui rendrait le six. Ennuyé de la maison, il se livra à la passion d'administrer pour les Bourbons, au point incroyable de passer dix-sept mois sans aller à Claix, à deux lieues de la ville. Il s'est ruiné de 1814 à 1819, je crois, époque de sa mort. Il aimait les femmes avec excès, mais timide comme un enfant de douze ans ; Madame Abraham Mallein, née Pascal, se moquait ferme de lui à cet égard.

CHAPITRE 20

Après quatre ou cinq ans du plus profond et du plus plat malheur, je respirai seulement alors, quand je me vis seul et fermé à clef dans l'appartement de la rue des Vieux-Jésuites, jusque là abhorré par moi. Pendant ces quatre ou cinq ans, mon cœur fut rempli du sentiment de la haine impuissante. Sans mon goût pour la volupté, je serais peut-être devenu, par une telle éducation, dont ceux qui la donnaient ne se doutaient pas, un *scélérat noir* ou un coquin gracieux et insinuant, un vrai jésuite, et je serais sans doute fort riche.

La lecture de la *Nouvelle-Héloïse* et les scrupules de Saint-Preux me formèrent profondément honnête homme ; je pouvais encore, après cette lecture faite avec larmes et dans des transports d'amour pour la vertu, faire des coquineries, mais je me serais senti coquin. Ainsi, c'est un livre lu en grande cachette et malgré mes parents qui m'a fait honnête homme.

L'histoire romaine du cotonneux Rollin,

malgré ses plates réflexions, m'avait meublé la tête de faits d'une solide vertu (basée sur l'*utilité* et non sur le vaniteux honneur des monarchies ; Saint-Simon est une belle pièce justificative pour la manière de Montesquieu, l'*honneur* bas des monarchies ; il n'est pas mal d'avoir vu cela en 1734 dans l'état d'enfance où, à cette époque, était encore la raison des Français).

Avec les faits appris dans Rollin, confirmés, expliqués, illustrés par la conversation continue de mon excellent grand-père et les théories de Saint-Preux, rien n'était égal à la répugnance et au mépris profond que j'avais pour les Kings, God and Church expliqués par des prêtres que je voyais chaque jour s'affliger des *victoires de la patrie* et désirer que les troupes françaises fussent battues.

La conversation de mon excellent grand-père, auquel je dois tout, sa vénération pour les bienfaiteurs de l'humanité si contraire aux idées du christianisme, m'empêcha sans doute d'être pris comme une mouche dans les toiles d'araignée par mon respect pour les cérémonies. (Je vois aujourd'hui que c'était la première forme de mon amour pour la musique, 1, la peinture, 2, et l'art de Vigano, 3.)

Je croirais volontiers que mon grand-père était un nouveau converti vers 1793. Peut-être s'était-il fait dévot à la mort de ma mère (1790), peut-être la nécessité d'avoir l'appui du clergé dans son métier de médecin lui avait-elle imposé un léger vernis d'hypocrisie en même temps que la perruque à trois rangs de boucles. Je croirais plutôt ce dernier, car je le trouvai ami, et de longue date, de M. l'abbé Sadin, curé de Saint-Louis (sa paroisse), de M. le chanoine Rey et de Mlle Rey, sa sœur, chez lequel nous allions souvent (ma tante Elisabeth y faisait sa partie), petite rue derrière Saint-André, plus tard rue du Département, même l'aimable et trop aimable abbé Hélie, curé de Saint-Hugues, qui m'avait baptisé et me l'a rappelé depuis au café de la Régence, à Paris, où je déjeunais vers 1803 pendant mon éducation véritable, rue d'Angiviller.

Il faut remarquer qu'en 1790 les prêtres ne prenaient pas les conséquences de la théorie et étaient bien loin d'être intolérants et absurdes comme nous les voyons en 1835. On souffrait fort bien que mon grand-père travaillât en présence de son petit buste de Voltaire et que sa conversation, excepté sur un seul sujet, fût ce qu'elle eût été dans le salon de Voltaire, et les trois jours qu'il avait passés dans ce salon étaient cités par lui comme les plus beaux de sa vie, quand l'occasion s'en présentait. Il ne s'interdisait nullement l'anecdote critique ou scandaleuse sur les prêtres, et pendant sa longue carrière d'observations, cet esprit sage et froid en avait recueilli des centaines. Jamais il n'exagérait, jamais il ne mentait, ce qui me permet, ce me semble, d'avancer aujourd'hui que quant à l'esprit ce n'était pas un bourgeois ; mais il était apte à concevoir des haines éternelles à l'occasion de torts très minimes, et je ne crois pas laver son âme du reproche de bourgeoisie.

Je retrouve le type bourgeois, même à Rome, chez M.... et sa famille.... M. Bois, le beau-frère, enrichi...

Mon grand-père avait une vénération et un amour pour les grands hommes qui choquèrent bien M. le curé actuel de Saint-Louis et M. le grand vicaire actuel de l'évêché de Grenoble, lequel se fait un point d'honneur de ne pas rendre sa visite au préfet, en sa qualité de *prince* de Grenoble, je crois (raconté par M. Rubichon et avec approbation, Civita-Vecchia, juin 1835).

Le père Ducros, ce cordelier que je suppose homme de génie, avait perdu sa santé en empaillant des oiseaux avec des poisons. Il souffrait beaucoup des entrailles et mon oncle m'apprit par ses plaisanteries qu'il avait un priapisme. Je ne compris guère cette maladie, qui me semblait toute naturelle. Le père Ducros aimait beaucoup mon grand-père, son médecin, et auquel il devait en partie sa place de bibliothécaire ; mais il ne pouvait s'empêcher de *méprisoter* un peu la faiblesse de son caractère, il ne pouvait tolérer les incartades de Séraphie, qui allaient souvent jusqu'à interrompre la conversation, troubler la société, et forcer les amis à se retirer [1].

Les caractères à la Fontenelle sont fort sensibles à cette nuance de mépris non exprimé, mon grand-père combattait donc souvent mon enthousiasme pour le père Ducros. Quelquefois, quand le père Ducros arrivait à la maison avec quelque chose d'intéressant à dire, on m'envoyait à la cuisine ; je n'étais nullement piqué, mais fâché de ne pas savoir la chose curieuse. Ce philosophe fut sensible à mes empressements et au goût vif que je montrais pour lui, et qui faisait que je ne quittais jamais la chambre quand il y était.

Il faisait cadeau à ses amis et amies de

---

1. Réponse à un reproche : comment veut-on que j'écrive bien, forcé d'écrire aussi vite pour ne pas perdre mes idées ? 27 décembre 1835. Réponse à MM. Colomb, etc.

cadres dorés de deux pieds et demi sur trois, garnis d'une grande vitre, derrière laquelle il disposait six ou huit douzaines de médailles en plâtre de dix-huit lignes de diamètre. C'étaient tous les empereurs romains et les impératrices, un autre cadre présentait tous les grands hommes de France, de Clément Marot à Voltaire, Diderot et d'Alembert. Que dirait le M. Rey d'aujourd'hui à une telle vue ?

Ces médailles étaient environnées, avec

Cadre de médailles en plâtre blanc par le père Ducros, bibliothécaire de la ville de Grenoble (vers 1790), mort vers 1806 ou 1818.

beaucoup de grâce, de petits cartons dorés sur tranche, et des volutes exécutés en même matière remplissaient les intervalles entre les médailles. Les ornements de ce genre étaient fort rares alors et je puis avouer que l'opposition de la couleur blanc mat des médailles et des ombres légères, fines, bien dessinées, qui marquaient les traits des personnages, avec la tranche dorée des cartons et leur couleur jaune d'or, faisaient un effet très élégant.

Les bourgeois de Vienne, Romans, La Tour du Pin, Voiron, etc., qui venaient dîner chez mon grand-père, ne se lassaient pas d'admirer ces cadres. Moi, de mon côté, monté sur une chaise, je ne me lassais pas d'étudier les traits de ces *hommes illustres* dont j'aurais voulu imiter la vie et lire les œuvres.

Le père Ducros écrivait dans le haut de la partie la plus élevée de ces cartons :

HOMMES ILLUSTRES DE FRANCE

ou

EMPEREURS ET IMPÉRATRICES.

A Voiron, par exemple, chez mon cousin Allard du Plantier (descendant de l'historien et antiquaire Allard), ces cadres étaient admirés comme des médailles antiques ; je ne sais pas même si le cousin, qui n'était pas fort, ne les prenait pas pour des médailles antiques. (C'était un fils étiolé par un père homme d'esprit, comme Monseigneur par Louis XIV.)

Un jour, le Père Ducros me dit :

....

« Veux-tu que je t'apprenne à faire des médailles ? »

Ce fut pour moi les cieux ouverts.

J'allai dans son appartement, vraiment délicieux pour un homme qui aime à penser, tel que je voudrais bien en avoir un pareil pour y finir mes jours.

Quatre petites chambres de dix pieds de haut, exposées au midi et au couchant, avec très jolie vue sur Saint-Joseph, les coteaux d'Eybens, le pont de Claix et les montagnes à l'infini vers Gap.

Ces chambres étaient remplies de bas-reliefs et de médailles moulées sur l'antique ou sur du moderne passable.

Les médailles étaient, la plupart, en soufre rouge (rougi par un mélange de cinabre), ce qui est beau et sérieux ; enfin, il n'y avait pas un pied carré de la surface de cet appartement qui ne donnât une idée. Il y avait aussi des tableaux. « Mais je ne suis pas assez riche, disait le Père Ducros, pour acheter ceux qui me plairaient. » Le principal tableau représentait une neige, ce n'était pas absolument mal.

Mon grand-père m'avait mené plusieurs fois dans cet appartement charmant. Dès que j'étais seul avec mon grand-père hors de la maison, loin de la portée de mon père et de Séraphie, j'étais d'une gaieté parfaite. Je marchais fort lentement, car mon bon grand-père avait des rhumatismes, que je suppose goutteux (car moi, son véritable petit-fils et qui ai le même corps, j'ai eu la goutte en mai 1835 à Civita-Vecchia).

Le Père Ducros, qui avait de l'aisance, car il a fait son héritier M. Navizet, de Saint-Laurent, ancien entrepreneur de chamoiserie, était fort bien servi par un grand et gros valet, bonhomme qui était garçon de bibliothèque, et une excellente servante. Je donnais l'étrenne à tout cela, par avis de ma tante Elisabeth.

J'étais neuf autant que possible par le miracle de cette abominable éducation solitaire et de toute une famille s'acharnant sur un pauvre enfant pour l'endoctriner, dont le système avait été fort bien suivi parce que la douleur de la famille mettait ce système dans ses goûts.

Cette inexpérience des choses les plus simples me fit faire bien des gaucheries chez M. Daru le père, de novembre 1799 à mai 1800.

Revenons aux médailles. Le Père Ducros s'était procuré je ne sais comment, une quantité de médailles en plâtre. Il les imbibait d'huile et sur cette huile coulait du soufre mêlé avec de l'ardoise bien sèche et pulvérisée.

Quand ce moule était bien froid, il y

mettait un peu d'huile, l'entourait d'un papier huilé, haut, de A en B, de trois lignes, le moule au fond.

Sur le moule, il versait du plâtre liquide fait à l'instant, et sur-le-champ du plâtre moins fin et plus fort, de façon à donner quatre lignes d'épaisseur à la médaille en plâtre. Voilà ce que je ne parvins jamais à bien faire. Je ne gâchais pas mon plâtre assez vite, ou plutôt je le laissais s'éventer. C'est en vain que Saint-..., le vieux domestique m'apportait du plâtre en poudre. Je retrouvais mon plâtre en gelée, cinq ou six heures après l'avoir placé sur le moule en soufre.

Mais ces moules-là étant les plus difficiles, je les fis sur-le-champ, et fort bien, seulement trop épais. Je n'épargnais pas la matière.

J'établis mon atelier de plâtrerie dans le cabinet de toilette de ma pauvre mère, pénétrais dans cette chambre où personne n'entrait depuis cinq ans qu'avec un sentiment religieux ; j'évitais de regarder vers le lit. Je n'aurais jamais ri dans cette chambre, tapissée de papier de Lyon imitant bien le damas rouge.

Quoique je ne parvinsse jamais à faire un cadre de médailles comme le Père Ducros, je me préparais éternellement à ce grand renom en faisant une quantité de moules en soufre (en B, dans la cuisine,.

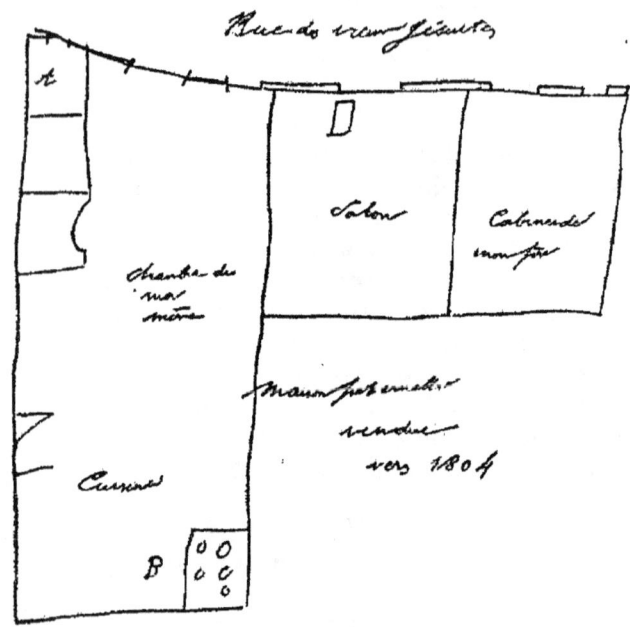

Maison paternelle, vendue en 1804. En 1816 nous logions au coin de la rue de Bonne et de la place Grenette où je fis l'amour à Sophie Vernier et à M¹¹ᵉ Élise, en 1814 et 1816, mais pas assez, je me serais moins ennuyé. De là j'entendis guillotiner David, qui fait la gloire de M. le Duc Decazes.
A. Atelier de mon plâtre. — B. Fourneau où je faisais mes soufres.

J'achetai une grande armoire renfermant douze ou quinze tiroirs de trois pouces de haut, où j'emmagasinais mes richesses.

Je laissai tout cela à Grenoble en 1799. Dès 1796 je n'en faisais plus de cas ; on aura fait des allumettes de ces précieux moules (ou creux) en soufre de couleur d'ardoise.

Je lus le dictionnaire des médailles de l'Encyclopédie méthodique[1].

Un maître adroit qui eût su profiter de ce goût m'eût fait étudier avec passion toute l'histoire ancienne ; il fallait me faire lire Suétone, puis Denis d'Halicarnasse, à mesure que ma jeune tête eût pu recevoir les idées sérieuses.

Mais le goût régnant alors à Grenoble portait à lire et à citer les épîtres d'un M. de Bonnard, c'est, je pense, du petit Dorat (comme on dit : du petit Mâcon). Mon grand-père nommait avec respect la *Grandeur des Romains* de Montesquieu, mais je n'y comprenais rien ; chose peu difficile à croire, j'ignorais les événements sur lesquels Montesquieu a dressé ses magnifiques considérations.

Il fallait au moins me faire lire Tite-Live. Au lieu de cela, on me faisait lire

---

1. 27 décembre 1835, fatigué après 13 pages. Froid aux jambes, surtout au mollet ; un peu de collique : envie de dormir. Le froid et le café du 24 décembre m'ont donné sur les nerfs. Il faudrait un bain, mais comment, avec ce froid ? Comment supporterai-je le froid de Paris ?

et admirer les hymnes de Santeuil : « *Ecce sede tonantes...* » On peut se figurer la façon dont j'accueillais cette religion de mes tyrans.

Les prêtres qui dînaient à la maison cherchaient à reconnaître l'hospitalité de mes parents en me faisant du pathos sur la Bible de Royaumont, dont le ton patelin et mielleux m'inspirait le plus profond dégoût. J'aimais cent fois mieux le Nouveau Testament en latin, que j'avais appris par cœur tout entier dans un exemplaire in-18. Mes parents, comme les rois d'aujourd'hui, voulaient que la religion me maintînt en soumission, et moi je ne respirais que révolte.

Je voyais défiler la légion Allobroge (celle, je crois, qui fut commandée par M. Caffe, mort aux Invalides, à 85 ans, en novembre ou décembre 1835), ma grande pensée était celle-ci : Ne ferais-je pas bien de m'engager ?

Je sortais souvent seul, j'allais au Jardin, mais je trouvais les autres enfants trop familiers, de loin je brûlais de jouer avec eux, de près je les trouvais grossiers.

Je commençais même, je crois, à aller au spectacle, que je quittais au moment le plus intéressant, à neuf heures en été, quand j'entendais sonner le sing (ou saint).

Tout ce qui était tyrannie me révoltait, et je n'aimais pas le pouvoir. Je *faisais mes devoirs* (thèmes, traductions, vers sur la mouche noyée dans une jatte de lait) sur une jolie petite table de noyer, dans l'antichambre du grand salon à l'italienne, excepté le dimanche pour notre messe la porte sur le grand escalier était toujours fermée. Je m'avisai d'écrire sur le bois de cette table les noms de tous les assassins de princes, par exemple : Poltrot, duc de Guise, en 1562. Mon grand-père, en m'aidant à faire mes vers, ou plutôt en les faisant lui-même, vit cette liste ; son âme assez tranquille, ennemie de toute violence, en fut navrée, il en conclut presque que Séraphie avait raison quand elle me représentait comme pourvu d'une âme atroce. Peut-être avais-je été conduit à faire ma liste d'assassins par l'action de Charlotte Corday — 11 ou 12 juillet 1793 — dont j'étais fou. J'étais dans ce temps-là grand enthousiaste de Caton d'Utique, les réflexions douce-reuses et chrétiennes du *bon Rollin*, comme l'appelait mon grand-père, me semblaient le comble de la niaiserie.

Et en même temps j'étais si enfant, qu'ayant trouvé dans l'*Histoire ancienne* de Rollin, je crois, un personnage qui s'appelait *Aristocrate*, je fus émerveillé de cette circonstance et fis partager mon enthousiasme à ma sœur Pauline, qui était libérale et de mon parti contre Zénaïde-Caroline, attachée au parti de Séraphie et appelée espionne par nous.

Avant ou après, j'avais eu un goût violent pour l'optique, qui me porta à lire l'*Optique* de Smith à la bibliothèque publique. Je faisais des lunettes pour voir

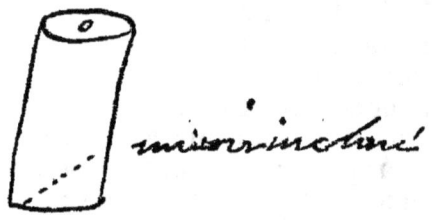

le voisin en ayant l'air de regarder devant moi. On pouvait encore, avec un peu d'adresse, par ce moyen-là, facilement me lancer dans la science de l'optique et me faire *emporter* un bon morceau de mathématiques. De là à l'astronomie, il n'y avait qu'un pas.

CHAPITRE 21

Quand je demandais de l'argent à mon père par justice, par exemple parce qu'il me l'avait promis, il murmurait, se fâchait, et au lieu de six francs promis m'en donnait trois. Cela m'outrait ; comment ? n'être pas fidèle à sa promesse ?

Les sentiments espagnols communiqués par ma tante Élisabeth me mettaient dans les nues, je ne songeais qu'à l'honneur, qu'à l'héroïsme. Je n'avais pas la moindre adresse, pas le plus petit art de me retourner, pas la moindre hypocrisie doucereuse (ou jésuite).

Ce défaut a résisté à l'expérience, au raisonnement, au remords d'une infinité de duperies où, par *espagnolisme*, j'étais tombé.

J'ai encore ce manque d'adresse : tous les jours, par espagnolisme, je suis trompé d'un paul ou deux en achetant la moindre chose. Le remords que j'en ai, une heure après, a fini par me donner l'habitude de peu acheter. Je me laisse manquer une année de suite d'un petit meuble qui me coûtera douze francs par la certitude d'être trompé, ce qui me donnera de l'humeur, et cette humeur est supérieure au plaisir d'avoir le petit meuble.

J'écris ceci debout, sur un bureau à la Tronchin fait par un menuisier, qui n'avait jamais vu telle chose, il y a un an que je m'en prive par l'ennui d'être trompé. Enfin, j'ai pris la précaution de n'aller pas parler au menuisier en revenant du café, à onze heures du matin, alors mon caractère est dans sa fougue (exactement comme en 1803 quand je prenais du café *enflammé* rue Saint-Honoré, au coin de la rue de Grenelle ou d'Orléans), mais dans les moments de fatigue, et mon bureau à la Tronchin ne m'a coûté que quatre écus et demi (ou $4 \times 5,45 = 24,52$).

Ce caractère faisait que mes conférences d'argent, chose si épineuse entre un père de cinquante et un ans et un fils de quinze, finissaient ordinairement de ma part par un accès de mépris profond et d'indignation concentrée.

Quelquefois, non par adresse mais par pur hasard, je parlais avec éloquence à mon père de la chose que je voulais acheter, sans m'en douter je l'*enfiévrais* (je lui donnais un peu de ma passion), et alors sans difficulté, même avec plaisir, il me donnait tout ce qu'il me fallait. Un jour de foire place Grenette, pendant qu'il se  cachait, je lui parlai de mon désir d'avoir de ces caractères mobiles percés dans une feuille de laiton grande comme une carte à jouer ; il me donna six ou sept assignats de quinze sous, au retour j'avais tout dépensé.

« Tu dépenses toujours tout l'argent que je te donne. »

Comme il avait mis à me donner ces assignats de quinze sous ce que dans un caractère aussi disgracieux on pouvait appeler de la grâce, je trouvai son reproche fort juste. Si mes parents avaient su me mener, ils auraient fait de moi un niais comme j'en vois tant en province. L'indignation que j'ai ressentie dès mon enfance et au plus haut point, à cause de mes sentiments espagnols, m'a créé, en dépit d'eux, le caractère que j'ai. Mais quel est ce caractère ? Je serais bien en peine de le dire. Peut-être verrai-je la vérité à soixante-cinq ans, si j'y arrive[1].

---

1. A placer. Touchant mon caractère. On me dira : Mais êtes-vous un prince ou un Emile pour que quelque Jean-Jacques Rousseau se donne la peine d'étudier et de guider votre caractère ? je répondrai : Toute ma famille se mêlait de mon éducation. Après la haute imprudence d'avoir tout quitté à la mort de ma mère, j'étais pour eux le seul remède

Un pauvre qui m'adresse la parole en *style tragique* comme à Rome, ou en *style de comédie*, comme en France, m'indigne : 1º je déteste être troublé dans ma rêverie ; 2º je ne crois pas un mot de ce qu'il me dit.

Hier, en passant dans la rue, une femme du peuple de quarante ans, mais assez bien, disait à un homme qui marchait avec elle : *Bisogna campar* (il faut vivre toutefois). Ce mot, exempt de comédie, m'a touché jusqu'aux larmes. Je ne donne jamais aux pauvres qui me demandent, je pense que ce n'est pas par avarice. Le gros garde de santé (le 11 décembre) à Civita-Vecchia, me parlant d'un pauvre Portugais au lazaret qui ne demande que six bajoques par jour, sur-le-champ je lui ai donné six ou huit pauls en monnaie. Comme il les refusait, de peur de se compromettre avec son chef (un paysan grossier, venant de Fiuminata, nommé Manelli), j'ai pensé qu'il serait plus digne d'un consul de donner un écu, ce que j'ai fait ; ainsi, six pauls par véritable humanité, et quatre à cause de la broderie de l'habit.

à l'ennui, et ils me donnaient tout l'ennui que je leur ôtais. Ne jamais parler à aucun autre enfant de mon âge !
— Ecriture : les idées me galopent, si je ne les note pas vite je les perds. Comment écrirais-je vite ? Voilà, M. Colomb, comment je prends l'habitude de mal écrire. Rome, décembre 1835.

A propos de colloque financier d'un père avec son fils : le marquis Torrigiani, de Florence (gros joueur dans sa jeunesse et fort accusé de gagner comme il ne faut pas), voyant que ses trois fils perdaient quelquefois dix ou quinze louis au jeu, pour leur éviter l'ennui de lui en demander, a remis trois mille francs à un vieux portier fidèle, avec ordre de remettre cet argent à ses fils quand ils auraient perdu, et de lui en demander d'autre quand les trois mille francs seraient dépensés.

Cela est fort bien en soi, et d'ailleurs le procédé a touché les fils, qui se sont modérés. Ce marquis, officier de la Légion d'Honneur, est père de madame Pozzi, dont les beaux yeux m'avaient inspiré une si vive admiration en 1817. L'anecdote sur le jeu de son père m'aurait fait une peine horrible en 1817 à cause de ce maudit espagnolisme de mon caractère, dont je me plaignais naguère. Cet espagnolisme m'empêche d'avoir le *génie comique* :

1º je détourne mes regards et ma mémoire de tout ce qui est bas ;

2º je sympathise, comme à dix ans lorsque je lisais l'Arioste, avec tout ce qui est contes d'amour, de forêts (les bois et leur vaste silence), de générosité.

Le conte espagnol le plus commun,

s'il y a de la générosité, me fait venir les larmes aux yeux, tandis que je détourne les yeux du caractère de Chrysale de Molière et encore plus du fond méchant de Zadig, Candide, le pauvre Diable et autres ouvrages de Voltaire, dont je n'adore vraiment que :

> Vous êtes, lui dit-il, l'existence et l'essence
> Simple avec attribut et de pure substance.

Barral (le comte Paul de Barral, né à Grenoble vers 1785) m'a communiqué bien jeune son goût pour ces vers, que son père, le Premier Président, lui avait appris.

Cet espagnolisme, communiqué par ma tante Elisabeth, me fait passer, même à mon âge, pour un enfant privé d'expérience, pour un fou *de plus en plus incapable d'aucune affaire sérieuse*, ainsi que dit mon cousin Colomb (dont ce sont les propres termes), vrai bourgeois.

La conversation du vrai bourgeois sur les *hommes et la vie*, qui n'est qu'une collection de ces détails laids, me jette dans un *spleen* profond quand je suis forcé par quelque convenance de l'entendre un peu longtemps.

Voilà le secret de mon horreur pour Grenoble vers 1816, qu'alors, je ne pouvais m'expliquer.

Je ne puis pas encore m'expliquer aujourd'hui, à cinquante-deux ans, la disposition au malheur que me donne le dimanche. Cela est au point que je suis gai et content — au bout de deux cents pas dans la rue, je m'aperçois que les boutiques sont fermées : Ah! *c'est dimanche*, me dis-je.

A l'instant, toute disposition intérieure au bonheur s'envole.

Est-ce envie pour l'air content des ouvriers et bourgeois endimanchés ?

J'ai beau me dire : Mais je perds ainsi cinquante-deux dimanches par an et peut-être dix fêtes : la chose est plus forte que moi, je n'ai de ressource qu'un travail obstiné.

Ce défaut — mon horreur pour Chrysale — m'a peut-être maintenu jeune. Ce serait donc un heureux malheur, comme celui d'avoir eu peu de femmes (des femmes comme Bianca Milesi, que je manquai à Paris, un matin, vers 1829, uniquement pour ne m'être aperçu de l'heure du berger — elle avait une robe de velours noir — ce jour-là, vers la rue du Helder ou du Mont-Blanc).

Comme je n'ai presque pas eu de ces femmes-là (vraies bourgeoises), je ne suis pas blasé le moins du monde à cinquante ans. Je veux dire blasé au moral, car le physique, comme de raison, est émoussé considérablement, au point de passer très bien quinze jours ou trois semaines sans femme ; ce carême-là ne me gêne que la première semaine.

La plupart de mes folies apparentes, surtout la bêtise de ne pas avoir saisi au passage l'occasion, *qui est chauve*, comme dit Don Japhet d'Arménie, toutes mes duperies en achetant, etc., etc., viennent de l'*espagnolisme* communiqué par ma tante Élisabeth, pour laquelle j'eus toujours le plus profond respect, un respect si profond qu'il empêchait mon amitié d'être tendre, et, ce me semble, de la lecture de l'Arioste faite si jeune et avec tant de plaisir. (Aujourd'hui, les héros de l'Arioste me semblent des palefreniers dont la force fait l'unique mérite, ce qui me met en dispute avec les gens d'esprit qui préfèrent hautement l'Arioste au Tasse, tandis qu'à mes yeux, quand par bonheur le Tasse oublie d'imiter Virgile ou Homère, il est le plus touchant des poètes.)

En moins d'une heure, je viens d'écrire ces douze pages, et en m'arrêtant de temps en temps pour tâcher de ne pas écrire des choses peu nettes, que je serais obligé d'effacer.

Comment aurais-je pu écrire bien *physi-*

quement, M. Colomb ? — Mon ami Colomb, qui m'accable de ce reproche dans sa lettre d'hier et dans les précédentes, braverait les supplices pour sa parole, et pour moi. (Il est né à Lyon vers 1785, son père, ancien négociant fort loyal, se retira à Grenoble, vers 1788. M. Romain Colomb a 20 ou 25.000 francs de revenu et trois filles, rue Godot-de-Mauroy, Paris [1].)

[1]. *Justification de ma mauvaise écriture :* les idées me galopent et s'en vont si je ne les saisis pas. Souvent, mouvement nerveux de la main.

CHAPITRE 22

Le siège de Lyon[1] agita tout le Midi ; j'étais pour Kellermann et les républicains, mes parents pour les émigrés et Précy (sans Monsieur, comme ils disaient).

Le cousin Senterre, de la poste, dont le cousin ou neveu Senterre se battait dans Lyon[2], venait à la maison deux fois par jour ; comme c'était l'été, nous prenions le café au lait du matin dans le cabinet d'histoire naturelle sur la terrasse.

C'est au point H que j'ai peut-être éprouvé les plus vifs transports d'amour de la patrie et de haine pour les *aristocrates* (*légitimistes* de 1835) et les prêtres, ses ennemis.

M. Senterre, employé à la poste aux lettres, nous apportait constamment six

---

1. Le fameux siège de Lyon, dont plus tard j'ai tant connu le chef, M. de Précy, à Brunswick, 1806-1809, mon premier modèle d'homme de bonne compagnie, après M. de Tressan, dans ma première enfance.
2. Il ne se battait pas ; sa condamnation à mort fut motivée sur une lettre écrite à une dame de ses amies et interceptée par Dubois de Crancé. *Note de Colomb.*

ou sept journaux dérobés aux abonnés, qui ne les recevaient que deux heures plus tard à cause de notre curiosité. Il avait son doigt de vin et son pain et écoutait les journaux. Souvent, il avait des nouvelles de Lyon.

Je venais le soir, seul, sur la terrasse,

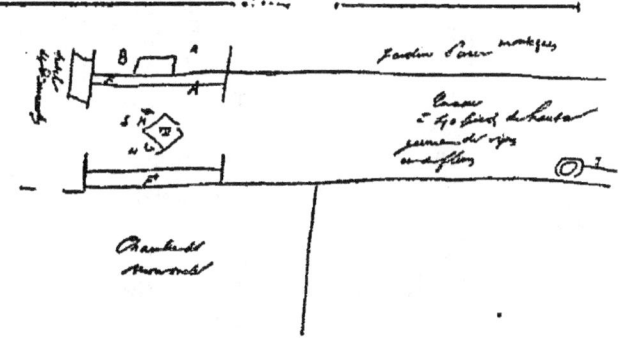

A. Cabinet d'histoire naturelle. — F. Armoires fermées contenant minéraux, coquillages. — T. Table de déjeûner avec café au lait excellent et fort bons petits pains très cuits, *griches* perfectionnés. — S. M. Santerre avec son chapeau à larges bords, à cause de ses yeux faibles et bordés de rouge. — H. Moi, dévorant les nouvelles. — B. Cabinet de travail de mon grand-père, M. Henri Gagnon. — L. Tas de livres de mon oncle, sentant le musc qui ont fait mon éducation. — J. Mon jardin particulier à côté de la pierre à eau.

pour tâcher d'entendre le canon de Lyon. Je vois dans la *Table chronologique*, le seul livre que j'aie à Rome, que Lyon fut pris le 9 octobre 1793. Ce fut donc pendant l'été de 1793, à dix ans, que je venais écouter le canon de Lyon ; je ne l'entendis jamais. Je regardais avec envie la montagne de Méaudre (prononcez Mioudre), de laquelle on l'entendait. Notre brave cousin Romagnier (cousin pour avoir épousé une demoiselle Blanchet, parente de la femme de mon grand-père, je crois, était de Méaudre, où il allait tous les deux mois voir son père. Au retour, il faisait palpiter mon cœur en me disant : « Nous entendons fort bien le canon de Lyon, surtout le soir, au coucher du soleil, et quand le vent est au nord-ouest (nordoua). »

Je contemplais avec le plus vif désir d'y aller le point B, mais c'était un désir qu'il fallait bien se garder d'énoncer.

J'aurais peut-être dû placer ce détail bien plus haut, mais je répète que pour mon enfance je n'ai que des images fort nettes, sans *date* comme sans *physionomie*.

Je les écris un peu quand cela me vient.

Je n'ai aucun livre et je ne veux lire aucun livre, je m'aide à peine de la stupide *Chronologie* qui porte le nom de cet homme fin et sec, M. Loeve-Veimars. Je ferai de même pour la campagne de Marengo

(1800), pour celle de 1809, pour la campagne de Moscou, pour celle de 1813,

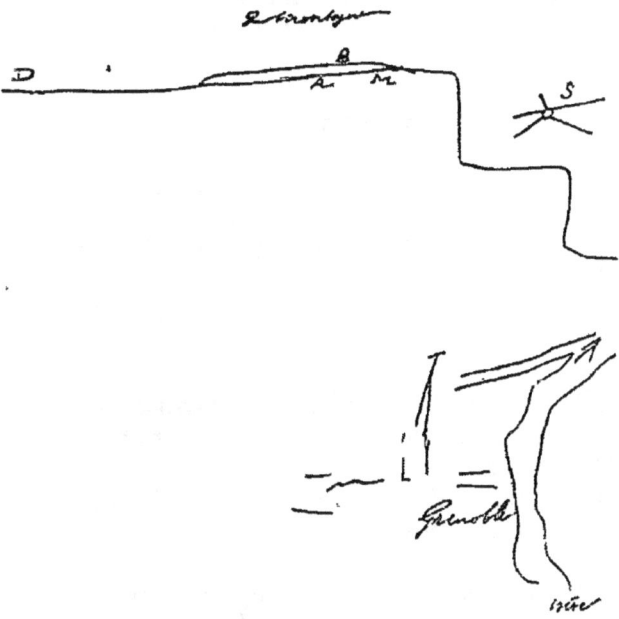

Méaudre ou Mioudre en M, dans la vallée entre les deux montagnes A et B.
V. Vallée de Voreppe adorée par moi comme étant le chemin de Paris. — S. Coucher de soleil en avril, en été en V, en hiver en D, ce qui donne deux heures de crépuscule.

où je fus intendant à Sagan (Silésie, sur la Bober) ; je ne prétends nullement écrire une histoire, mais tout simplement noter mes souvenirs afin de deviner quel homme j'ai été : bête ou spirituel, peureux ou courageux, etc, etc. C'est la réponse au grand mot :

Γνῶτι σεαυτόν.

Durant cet été de 1793, le siège de Toulon m'agitait beaucoup ; il va sans dire que mes parents approuvaient les traîtres qui le rendirent, cependant, ma tante Élisabeth, avec sa fierté castillane, me dit...

Je vis partir le général Carteaux ou Cartaud, qui parada sur la place Grenette. Je vois encore son nom sur ses fourgons défilant lentement et à grand bruit par la rue Montorge pour aller à Toulon.

Un grand événement se préparait pour moi, j'y fus fort sensible dans le moment, mais il était trop tard, tout lien d'amitié était à jamais rompu entre mon père et moi, et mon horreur pour les détails bourgeois et pour Grenoble, était désormais invincible.

Ma tante Séraphie était malade depuis longtemps. Enfin, on parla de danger ; ce fut la bonne Marion (Marie Thomasset), mon amie, qui prononça ce grand mot. Le danger devint pressant, les prêtres affluèrent.

Un soir d'hiver ce me semble j'étais dans la cuisine, vers les sept heures du soir, au point H, vis-à-vis l'armoire de

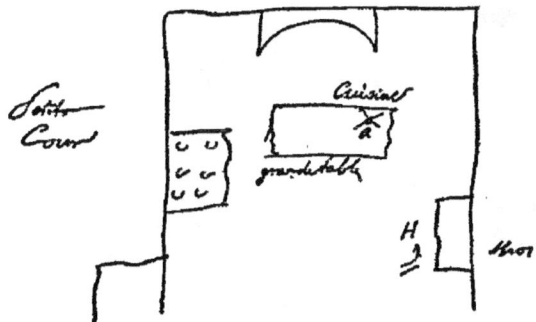

Marion. Quelqu'un vint dire : « Elle est passée. » Je me jetai à genoux au point H pour remercier Dieu de cette grande délivrance.

Si les Parisiens sont aussi niais en 1880 qu'en 1835, cette façon de prendre la mort de la sœur de ma mère me fera passer pour barbare, cruel, atroce.

Quoi qu'il en soit, telle est la vérité. Après la première semaine de messes des morts et de prières, tout le monde se trouva grandement soulagé dans la maison. Je crois que mon père même fut bien aise d'être délivré de cette maîtresse diabolique, si toutefois elle a été sa maîtresse, ou de cette amie intime diabolique.

Une de ses dernières actions avait été,

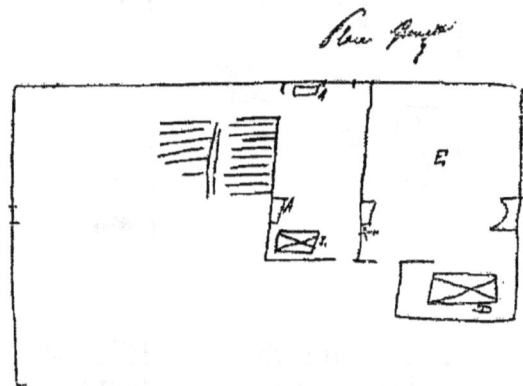

AA Armoires de Séraphie. — L Son lit. — E Chambre de ma tante Elisabeth. — D Lit et alcôve. — M Moi lisant *La Henriade* ou *Bélisaire*, dont mon grand-père admirait beaucoup le quinzième chapitre ou le commencement : *Justinien vieillissait...* « Quel tableau de la vieillesse de Louis XV, disait-il ! » — M Escalier et perron de la maison Périer-Lagrange. François, le fils aîné, bon et bête, grand homme de cheval, épousa ma sœur Pauline pendant les campagnes d'Allemagne.

un soir que je lisais sur la commode de ma tante Elisabeth au point H, la *Henriade* ou *Bélisaire*, que mon grand-père venait de me prêter, de s'écrier : « Comment peut-on donner de tels livres à cet enfant ! qui lui a donné ce livre ? »

Mon excellent grand-père, sur ma demande importune, venait d'avoir la complaisance, malgré le froid, d'aller avec moi jusque dans son cabinet de travail, touchant la terrasse, à l'autre bout de la maison, pour me donner ce livre dont j'avais soif ce soir-là.

Toute la famille était en rang d'oignons devant le feu au point D. On répétait souvent, à Grenoble, ce mot : rang d'oignons. Mon grand-père, au reproche insolent de sa fille ne répondit, en haussant les épaules, que : « Elle est malade ».

J'ignore absolument la date de cette mort ; je pourrai la faire prendre sur les registres de l'état-civil à Grenoble.

Il me semble que bientôt après j'allais à l'Ecole centrale, chose que Séraphie n'eût jamais souffert. Je crois que ce fut vers 1797 et que je ne fus que trois ans à l'Ecole centrale.

FIN DU PREMIER VOLUME

TABLE
DU PREMIER VOLUME

Préface de l'Éditeur	i
Chapitre I	1
Chapitre II	16
Chapitre III	33
Chapitre IV	46
Chapitre V. Petits souvenirs de ma première enfance	56
Chapitre VI	83
Chapitre VII	88
Chapitre VIII	101
Chapitre IX	117
Chapitre X. Le maître Durand	137
Chapitre XI. Amar et Merlino	154
Chapitre XII. Billet Gardon	166
Chapitre XIII. Premier voyage aux Echelles	181
Chapitre XIV. Mort du pauvre Lambert	196
Chapitre XV	206
Chapitre XVI	219
Chapitre XVII	235
Chapitre XVIII. La première communion	241
Chapitre XIX	246
Chapitre XX	251
Chapitre XXI	266
Chapitre XXII	275

www.ingramcontent.com/pod-product-compliance
Lightning Source LLC
Chambersburg PA
CBHW071336150426
43191CB00007B/758